经济管理学术文库·管理类

跨文化大学英语教学的管理理论与实践

The Theories and Practices of
Cross-cultural English Teaching in College

赵璐 杨洋/著

图书在版编目（CIP）数据

跨文化大学英语教学的管理理论与实践/赵璐，杨洋著. —北京：经济管理出版社，2020.1
ISBN 978-7-5096-7018-7

Ⅰ.①跨…　Ⅱ.①赵…　②杨…　Ⅲ.①英语—教学研究—高等学校　Ⅳ.①H319.3

中国版本图书馆 CIP 数据核字（2020）第 022033 号

组稿编辑：杨国强
责任编辑：杨国强　张瑞军
责任印制：黄章平
责任校对：王淑卿

出版发行：经济管理出版社
　　　　　（北京市海淀区北蜂窝 8 号中雅大厦 A 座 11 层　100038）
网　　址：www.E-mp.com.cn
电　　话：(010) 51915602
印　　刷：北京玺诚印务有限公司
经　　销：新华书店
开　　本：720mm×1000mm/16
印　　张：14.25
字　　数：202 千字
版　　次：2020 年 5 月第 1 版　2020 年 5 月第 1 次印刷
书　　号：ISBN 978-7-5096-7018-7
定　　价：88.00 元

·版权所有　翻印必究·
凡购本社图书，如有印装错误，由本社读者服务部负责调换。
联系地址：北京阜外月坛北小街 2 号
电　话：(010) 68022974　邮编：100836

目　录

绪　论 …………………………………………………………… 001

　　第一节　问题的提出 / 001

　　第二节　跨文化大学英语教学研究的价值 / 006

第一章　跨文化大学英语教学的理论基础 ………………………… 007

　　第一节　跨文化相关理论 / 007

　　第二节　英语教学主流理论 / 012

　　第三节　其他相关理论 / 036

　　第四节　跨文化大学英语教学的理论框架 / 042

第二章　跨文化国际外语教育问题研究 ………………………… 075

　　第一节　国际英语教育的基本情况概述 / 075

　　第二节　世界主要国家跨文化英语教学研究 / 086

　　第三节　跨文化国际英语教育的发展优化 / 090

　　第四节　跨文化大学生英语教育优化启示 / 093

第三章　跨文化大学英语教学的影响分析 …………………………… 103

第一节　跨文化教学对英语教学理论研究的推动 / 103

第二节　跨文化教学给英语教学实践带来的挑战 / 104

第三节　跨文化英语教学对学生文化认同的影响 / 108

第四节　跨文化英语教学对学生就业素养的提升 / 111

第四章　跨文化大学英语教学的实践分析 …………………………… 117

第一节　当前我国大学英语教学模式概述 / 117

第二节　跨文化背景下我国大学英语教学现状 / 133

第三节　跨文化大学英语教学的现实桎梏 / 139

第四节　跨文化大学英语教学的问题寻因 / 149

第五章　跨文化大学英语教学实践研究 ……………………………… 163

第一节　跨文化大学英语教学的原则定位 / 163

第二节　跨文化大学英语教学模式的分层构建 / 168

第三节　跨文化大学英语教学的策略体系 / 173

参考文献 ………………………………………………………………… 219

后　记 …………………………………………………………………… 223

绪　论

第一节　问题的提出

经济全球化的发展，推动了英语在中国各领域的应用步伐。进入 21 世纪，我国教育层面大兴改革，如国家新标准课程改革、英语专业培养目标的变革以及大学英语的改革等，最大限度地提升了教育软实力。在学校进行英语教学求变求新的过程中，培养跨文化意识，发展跨文化交际能力，学会与来自不同文化背景的人进行交往，是当前高等英语教育的价值所在。外语教学肩负的社会历史责任是要通过培养和增强学生的跨文化敏感性与自觉性，帮助学生能够站在更高的视角看待英语教学的多样性、英语学习的必要性、英语应用的重要性，进而以更灵活、更富有创造性的方式增进英语素养，拓展个人职业发展空间。

一、英语国际地位提升对英语教育提出了新要求

经济贸易全球化、信息技术互通化促使全球经济呈现一体化趋向。

自加入世贸组织、夏奥会及世博会举办以来，中国正以积极的姿态参与并逐步引领全球经济发展。全球化有狭义和广义的定义。狭义认为，全球化为全球经济的一体化，主要指商品、服务、资本、技术（知识）等的跨国流动。广义理解，全球化不仅仅表现为经济的全球化，还表现为政治、文化、环境等领域的全球化。全球化不仅改变着世界经济格局，而且以前所未有的速度改变着我们的生活方式和社会文化模式。

从语言交互看，"不管全球化造成了其他什么结果，语言集团之间的更多接触是这一现象的重要的结果"。毫无疑问，全球化使国际间的交流不断增强，语言接触更加频繁。语言的全球化成为全球化趋势中的一个主要结果。所有语言中，英语无疑担当了人类交流的媒介体。据不完全统计，全世界1/5的人具有不同程度的英语交际能力，全世界2/3的科学家能读懂英文，全世界80%的电子信息用英语存储，全世界网站的78%为英语网站。国际上80%以上的科技论文首先用英文发表，50%以上的学术刊物语言是英语，85%的长途电话用英语进行，75%的传真、电报和电子邮件采用英语。在许多政治家和国家看来，英语不再只是交流的工具，它更是一个国家的国力、国际竞争力得以提升的重要手段。英语已经成为全球通用语，这是不可否认的事实。英语这种国际通用语具有将不同地区、不同语言的人们在经济等方面联系起来的作用。韩国从20世纪90年代开始极力推进"迎接21世纪的教育改革"，主要是借鉴发达国家的先进课程经验并对传统的外语课程进行改革，以适合全球化挑战。韩国前总统金大中曾经告诫他的国民，不掌握网络通用语言，要想在国际竞争中获取胜利是绝对不可能的。为了培养21世纪具有多元语言文化和国际竞争力的人才，韩国多次调整了外语教学政策，加大对外语教学的投入，把外语教学放到战略发展的高度。韩国人把经济视为第一经济，教育视为第二经济，而外语教学是第二经济的重要组成部分。

绪 论

英语世界化理论的开拓者 Braj Behari Kachru 曾于 1985 年提出了"三个同心圈理论",以解释英语传播的过程。"三个同心圈"理论将英语的覆盖人群分为内圈、外圈和延伸圈三个同心圈。内圈人口最少,以英语为母语的国家有 18 个,它们是美国、加拿大、英国、爱尔兰、澳大利亚、新西兰、南非和几个加勒比海国家,母语使用者用英语满足其全部交际需要,获取方式是自然习得。外圈人口比内圈多,英语是第二语言(官方语言)的国家超过 70 个,主要由英语国家的前殖民地组成,包括尼日利亚、加纳、印度和新加坡等国。官方语言使用者在国内交流中对英语有一定的依赖性,由于在他们的社会里,英语是司法、行政、教育、科学研究等领域的专用语言,获取方式是学校教育。延伸圈人口最多,把英语作为学校外语课程的国家有 100 多个,如中国、日本、韩国等。英语功能是在科技、教育、工业、贸易和外交等领域起辅助语言的作用,获取方式是长期的学校教育。在世界范围内,英语教育稳固在第一通用语言的宝座上。很多英语延伸圈国家如亚洲的韩国、日本等,以及欧盟内各国不仅采取学习英语年龄提前、学校课时增加等方式提高本国国民的英语水平,而且把英语看作提高国际竞争力、适应全球化经济发展、促进民族之间相互理解融合、提高国际意识的重要素养之一。

我国自改革开放后,英语语言已经成为必要学习科目,成为对外交流的必备语言。这种氛围的形成,一方面,出于迫切地希望学习外国文化科学知识、获取世界各方面信息的需要,另一方面,我国综合国力的增强,中国希望把本国的传统文化、科学技术推广到世界从而影响整个世界。依照"上海第二届中国外语教学法国际研讨会"数据统计,中国约有 3 亿人口学习英语,其中大、中、小学学习英语人数超过 1 亿人。2000 年始,作为世界英语学习大国的中国将英语教育列入"21 世纪公民素质教育"重要组成部分。英语不仅成为国民教育体系的必修课程,而且受到新东方英语等非国民体系教育机构的重视。中国虽然处于英语延伸圈，但其英语学习人口之众有目共睹，且其所产生的影响极为广泛。

二、经济全球化对国内外语人才培养提出了新目标

20世纪八九十年代，改革开放为中国发展打开了快通道，不过对外交流仍然属于选择性的，社会长期保持半封闭发展姿态。当时的英语学习更多是作为普通学习考试课程，或是出于兴趣爱好，培养自身的素质修养，学得好坏，效果如何，往往用能否通过四、六级考试来衡量。就教学目的而言，传统的英语教学主要是为了培养学习者用目的语进行阅读和与来自目的语群体的人们进行交际的能力，以目的语为母语的人们的语言能力是外语教师和学生力求达到的标准。事实上，语言文化之间并不能完全脱离，现代外语教学往往也纳入部分文化方面的教育，文化教学的内容基本上是以目的语群体的文化为主，如中国各个大学英语专业都开设英美概况等文化课程，目的是为英语的学习，特别是为英美文学阅读和欣赏，扫清背景知识上的障碍。当然，以往对于目的语群体的唯一化认知，在世界经济和教育全球化不断深入、文化交往日益频繁的21世纪存在着很大的局限性。

当前中国经济的发展催生了文化领域的频繁交往。全球化时期的大学英语教学必然要产生根本性变化。经济全球化迅猛发展，使得世界经济相互依存的程度日益加深。特别是以市场一体化、贸易全球化、金融国际化、经济网络化等为特征的跨国公司的迅速发展壮大，使全球经济联系的密切程度急剧增加。中国人以更开放的视野看待西方的文化，希望能汲取相对先进的外国科学文化知识与信息。在国家综合实力日益增强的当前，中国更愿意将本国的传统文化、科学技术推广到世界进而影响整个世界。不同地域、民族、社会文化背景人员的交往与接触，使得

绪　论

文化多元化趋势日益明显。经济全球化和文化多元化已成为当今社会发展不可阻挡的潮流。

当前，跨文化交际往往随着国际经济贸易的深入而越发常态化，跨文化交际能力成为21世纪多元文化社会中专业人士应具备的基本素质之一。在参与国际竞争中，我国需要一大批兼以通晓国际经济规则、全球思维的人才，而且需要具有跨文化能力的人才。高等学校必须注重培养大学生具有国际意识、理解不同国家与民族的文化，熟练运用外语以承担国际交流的时代重任。故而，大学展开对学生的英语教学以及提高学生英语文化素养就成为重要的教学任务。李岚清总理曾指出："由于教学法不够得法，我国知识分子的总体外语水平（主要是英语）不但不如发达国家，如德国，也不如许多发展中国家，如印度、菲律宾等等。这不但成为我们吸收别国先进科技文明成果、对外开放交流合作的一大障碍和弱点，也是我们吃亏之处。"这说明英语已经不仅仅是一门普通的课程，必须将其提到事关我国科技、经济发展的高度上，同时，必须及时解决外语教学滞后于社会迅猛发展对人才质量需要日益提高的问题。

当然，不同民族、不同国家之间的跨文化交际能力，更加需要在教育中进行培育，以消除民族隔阂、克服文化误解。当前"跨文化"已成为时代的代名词，文化冲突时有发生，特定文化的交际能力已不能满足时代的需求，提高人们的跨文化交际能力已成当务之急，这是为什么要进行跨文化语言教学的原因，也就是说，在教学过程中既要重视交际的得体性、有效性，也要注重语法、语音、用词等方面的准确性，做到"语言教学和文化教学并重"。著述该书是为了研究、了解和掌握不同民族在文化方面和语言方面的基本特征与差异，提升未来人才的跨文化交际能力，为国家政治经济地位的巩固提供更大支持。

第二节　跨文化大学英语教学研究的价值

当前,跨文化大学英语教学在我国已经拥有较大的认同度与接受度。从研究视野来看,目前中国的跨文化交际能力研究主要以理论研究为主,实证研究较少,而为数不多的实证研究又多以文化导入、跨文化交际意识、跨文化敏感性等为研究对象,或针对外语教学中的某一个方面或侧面,如口语、听力、阅读等方面的文化教学来研究如何提高学生的跨文化交际能力,较少有直接针对大学英语跨文化教学中的问题与对策进行全面调查、深入分析、系统研究,并进行跨文化交际能力培养体系构建的。从研究实践看,以往对于大学英语跨文化教学的实证研究散乱、不成体系,缺乏全面性、系统性和针对性。本书对当前大学英语教学进行全面系统的调查、细致入微的分析,进行切实可行的跨文化交际能力体系构建,以解决大学英语跨文化教学实际问题,是对跨文化交际能力培养研究的有益尝试和必要补充,会对高校的跨文化教学起到积极的促进作用。此外,该课题研究对于跨文化大学英语教学具有重要的指导意义。从研究结构来看,对大学英语跨文化教学应采取的教学理念、教学目的、教学内容、教学方法以及教学策略提出合理对策,以便让构建的跨文化交际能力培养体系具有可行性,切实提高跨文化外语教学的有效性,对我国的跨文化外语教学具有指导和借鉴的意义。

第一章
跨文化大学英语教学的理论基础

第一节 跨文化相关理论

一、建构主义（Constructivism）理论

建构主义理论，自 20 世纪 80 年代开始，其思想的产生过程离不开维果茨基（Vygozki）、皮亚杰（Jeanpiaget）、布鲁纳（Bruner）以及杜威（Dewey）等人的影响。建构主义这一理论体系有利于我们对认知过程实质的认识有更加深化的了解，并在这一思想的基础上产生了建构主义的学习理论。

建构主义者理论认为，参与学习的过程，实则是重新建构内在心理表征的过程。学习者不仅仅是汲取前人的知识经验，而且是通过自我经历对既定知识形成更全面的理解。在建构主义看来，学习是一个主动建构的过程，一方面学习是对新信息的意义的建构，另一方面包含对原有经验的改造或重组。在乔治赫敏（George E. Hein）看来，建构主义背景下，人们不是由教师的教学学到知识的，而是他们自身在一定的社会文

化背景下,通过教师、同学以及其他社会成员的帮助,对必要的学习资料进行学习,利用意义建构的方式获取知识。由于这种学习是在特定的社会文化背景下进行的,借助其他人的帮助即通过人际间的协作活动而实现的意义建构过程。关于师生关系,其认为教师职责不仅仅是知识的复制再现,而且要在知识的呈现中加入自我的经验与认知。教师是意义建构的帮助者、促进者,而不是知识的传授者与灌输者。学生是信息加工的主体、是意义的主动建构者,而不是外部刺激的被动接受者和被灌输的对象。建构主义者皮亚杰认为,学习是一个发生在个体心里的内在的过程,而必不可少的学习过程是当一个人的思维受到挑战时所发生的认知冲突和反映,所以教师的作用在于发展一个适合于每个学生检验观念方式的模型,创设挑战学生思维方式的情境,并引导其自我检验思维是否统一;学生则在知识的回想中链接到新的研究题目。

以建构主义为依从的学习行为者认为,知识层面的获得并非学习者被动接受,而是一种主动的建构。人们获取知识的关键之处是学习者通过自身之前已经拥有的知识和经验对他人所提供的各种知识进行某种程度上的衡量之后,再赋予其意义。以建构主义为依从的学习行为同时提出,人们在学习过程中需要通过自身的经验对知识的意义进行主动建构。毕竟每个学习者已有的知识和经验背景都存在着差异,所以不同人看待事物的方式都有各自的特点,他们在构建对事物的理解时也是通过自己所接受的方式进行的。所以,我们不能通过建立一种所谓唯一的标准体系对事物的理解进行构建,然而人们可以在彼此的交流与合作过程中对事物的理解更为丰富和全面,从这个意义上说,建构主义对于合作学习的理解与推崇较为突出。

建构主义的学习理论体系中,尤其注重四个层面的要素,即情景(Scene)、合作(Cooperate)、对话(Conversation)和意义建构(Sensemaking)。其中,"情景"是指教师通过创建一种有利于学生进行语言交流的一种语境场景,或者组织一些交流活动的方式,来帮助学生在学习过程中更加活跃,这种生动的场景更有利于他们完成意义构建;"合作"是指不同的学习者彼此之间通过语言进行相互合作,例如共享学习资料、评价各自的学习成果和建立最终意义等不同方面的内容;"对话"是"合作"过程中的重要环节;"意义建构"是指生生关系中借助对话进行交流,以帮助完成更多学习任务。

建构主义在外语学科的教学中,学生被认为是参与学习的主体,更是所有学习行为的主动参与者。外语教学应该提倡学生自主学习、探究学习以及合作学习。在建构主义理论的指导下,外语教学要充分考虑到学生已有的知识经验,为学生创设有利于知识构建的良好情境。将民歌引入外语课堂教学就是一种情境的创设,其帮助学生营造更为和谐的听唱情境,尤其这种情境在很大程度上有利于学生新知的构建。

二、第二语言习得(Second-language Acquisition)理论

早在20世纪70年代,美国著名语言研究专家科拉森(Krashen)就提出第二语言习得理论。其在理论中提出了五种基本假设:习得与学得的区别、自然顺序的假设、监测假设、输入假设、情感过滤假设。这一理论对于外语教育的影响显然是非常大的。美国费城Temple大学教育学院双语英语教学教授让·杜丽斯(Let Dulis,1994)所著的理论专著《第二语言习得研究》是该理论的深度解读,并一度成为教科书。该书共分为七个部分。第一部分勾画了整本书的概念框架;第二部分总结了有关学习者语言本质的主要理论,包括学习者错误,发展模式,语言变项和语用特点;第三部分从外部因素解释第二语言的习得,主要阐述社会因素和输入/交互的作用;第四部分从内部因素解释第二语言的习得,包括

语言迁移、认知论解释和语言普遍性；第五部分论述了第二语言习得的个体差异和学习策略；第六部分讨论了课堂交互和正规教学的有关理论；第七部分是全书的总结，从数据分析、理论构建和实际运用三个角度深度分析了第二语言习得研究现状。

第二语言习得理论，主要是对于两种及以上语言独立学习的理论探视，即习得和学习。其中，前者是指人类在同外界的交际实践的过程中，无意识地接收到该种语言，人类在童年时对母语的学习就属于"习得"的范畴；后者是指人类通过有意识地研究，用一种理智的方式来掌握某种语言的过程，例如我们进行的第二语言教育就属于"学习"的内容。科拉森认为，掌握语言基本上是在人类的日常交际中进行交流时所产生的结果，并不是简单地通过语言技能训练和语言知识内容的学习的结果。故而，很多学生主动参与语言学习需要依赖丰富的"可理解性的输入"。

在我国，英语属于外来语言。中国人学习英语，其语境基本是汉语语境，这让我们的学习缺少"习得"这种获取英语学习的有利环境。我们的大学生在常年的教育过程也基本上形成了母语的思维方式，这都是外语教学方面的阻碍因素，也是造成许多中国人在学习英语的过程中形成"中国式英语""哑巴英语"的重要因素之一。但同时，大学生也有强烈的好奇心和模仿能力。所以外语教学中，教师必须通过各种条件的调配来为学生营造更为真实的语言"习得"环境，通过扩大对学生语言材料的学习，帮助大学生进行更多的外语交流活动，通过建立与幼儿学习母语相近的语言场景等方式来获得"习得"的学习效应，更有利于外语的教学和学习。

很多研究者都提出语言的习得必须具备充足的外部条件，最重要的条件即为要有大量的输入。而大量的输入又是以广泛接触为宗旨的，自然输入、自然吸收，不强调死记硬背，更不要求接触的全输入、输入的全吸收、吸收的全输出。从这个意义上说，这与幼儿的母语学习很相似，它有助于缓解学习者在英语学习中所产生的紧张、焦虑情绪，发挥潜意识或下意识的作用。在外语教学中，教师应该结合实际情况，尽量多给学生提供学生听、读、看的机会，绝不能仅仅只局限于教材，照本宣科。应该认识到，教材只是外语学习的语言材料之一，而绝不是语言学习的全部。故而，涉及外语相关途径的教育输入，将为学习者创设英语学习的良好环境，尽可能地创设真实或接近真实的语言情景，让学习者浸身于英语氛围之中，在外语教学过程中，通过教师大量的输入，按照预期来完成交际目标，符合语言教育的时效要求。

三、跨文化教育（Intercultural Education）理论

在20世纪末，跨文化教育逐步成为世界教育民主化发展的潮流，也是当下全民教育理念下实现国际化教育的重要热点理论。作为一种国际教育新思潮，跨文化教育超越了多元文化教育中的消极被动性共存，是一种主动性互动式教育，关注不同文化的差异，研究不同文化对学生的影响，使来自不同文化的学生能够相互交流、相互理解、相互学习。跨文化教育的核心价值是接受并欣赏文化差异，非主流文化也应受到应有的重视。各种文化均有其特性，应相互尊重、相互学习。跨文化教育的价值在于借助教育平台实现不同国家与民族人们之间的文化理解与认同，促成其在不同交流环境下不同生活方式的选择，主张各种文化相互影响、相互学习、融合共处。

跨文化教育的目标总纲是借助跨文化教育，完成跨文化实践，并尽量形成不同文化间的理解与认知，帮助其在交际中共同依从，形成差异化文化的相互尊重、相互学习和借鉴，最终走向人类文化的和谐发展。

在这一总体目标的引领下，跨文化教育的知识目标为：尽可能通过各种途径让受教育者准确地掌握跨文化的历史文化知识、政治经济军事文化知识、制度文化与日常生活文化知识以及物质文化知识等。其态度目标是通过跨文化教育，培养受教育者养成开放、平等、尊重、宽容、客观、谨慎的积极态度，正确对待跨文化交流。跨文化教育的能力目标是借助跨文化教育，帮助学生更为深入、准确地了解第二语言文化，并逐渐具备跨文化交流的能力，参照其他群体文化，促进本民族文化的能力，以及有效地向其他民族传播本民族文化的能力和必要的运用外语的能力。跨文化教育理论对于我们探索在外语教学中不断创新跨文化教学有着极为显著的指导意义，其能够在内容、方法以及目标的确立和选择上提供理论层面的启示。

第二节　英语教学主流理论

一、行为主义英语教学模式

早在 20 世纪初，美国心理学家华森和桑代克就针对行为主义革命对心理学的发展的影响作用进行了深入研究。华森的心理学主要特色是行为主义，桑代克的心理学则被称为联结主义。事实上，桑代克"联结主义"最广泛的解释也是"行为主义"。行为主义者把刺激反应作为行为的基本单位，学习即刺激、反应之间联结的加强，教学的艺术在于如何安排学生在刺激的基础上加以强化。这种理论在教学上的应用包括程序教学、计算机辅助教学、自我教学单元、个别学习法和视听教学等多种教学模式或方式。20世纪50年代，行为主义心理学家斯金纳（B.F. Skynner）提出了"操作性条件作用学习说"，受到结构主义学派的极大热捧，似乎认为在语言习得的问题上，斯金纳所勾画的行为主义框架，已足以进行解释。行为主义教学模式在外语教学中常常包括语法翻译法、直接法和听说法。

（一）行为主义英语教学模式的认知基础及表现

行为主义语言学习理论的形成主要基于四个观点：

（1）语言学习必须基于某种习惯，是人类所有行为的基本部分，是在外界条件的刺激作用下逐步形成的。

（2）在语言习得和语言学习过程中，外部影响是内因变化的重要因素。故而，所有的语言行为及习惯都由于外部环境的干预而出现不同程度的迁移，但却不受到内在行为的影响。

（3）儿童语言习得和学习语言的过程是必须遵从操作制约的过程进行；即发出动作—获得结果—得到强化。这也是儿童语言习得的基本客观规律。

（4）语言行为需要正向强化才能逐步形成并最终得到巩固。正向强化主要指学习上的成功感、成就感及他人的赞许和鼓励。他们成为引导人们培植重要语言习惯的影响因子。

经过不断地充实和完善，行为主义语言学习模式形成了自己独有的特征：

（1）强调学习者对语言现象的观察与模仿。学习者主要是对成人语言使用及周围语言环境等所出现的语言现象进行观察并进行模仿。观察是语言学习的第一步，模仿是语言学习实践的基础。

（2）突出对学习者进入语言实践的反复性。为了养成语言习惯，学习者需要进行反复的、机械性的实践。这种实践形成常常显得枯燥乏味，但也是对学习者意志的一种磨炼。

（3）坚持发挥对学习者的正向鼓励作用。当学习者取得一定成绩时，应该及时进行正面鼓励，以便使其学习行为尽快固定下来。成年人、教师等通过鼓励的方式可以帮助学习者形成主动的语言使用行为。

（4）坚持突出句型锻炼的价值。这种语言学习的目的是使得语言学习者有机会对目的语进行不断的重复和实践，进而达到"刺激、反应、强化"的效果，最终帮助他们形成语言习惯。

（5）坚持间隔性原则。这主要指有计划地、间隔性地为学习者提供语言实践机会，以便通过重复学习而强化学习效果，故而学习语言的过程实则是间断性、规律性重复的过程。

（二）行为主义教学模式下的具体教学法

1. 语法翻译法

语法翻译法，属于传统英语学习中流传最广泛的语言学习方法，后期虽有不同声音，但其仍然受到不少英语学习者的欢迎。早在十八九世纪，部分欧洲学校开设外语课程，当时人们学习外语的主要目的是阅读希腊文和拉丁文的古籍，而不是为了交流。因此，当时的外语教学就借助文法，通过翻译来学习外国语，且具有相当的效率。18世纪的语言学家认为语言是词类的划分，只要掌握了词汇，就可以掌握这种语言。由于当时的语言学研究主要限于词汇的研究，如斯多葛学派（Stoics）就确定语法的范畴包括时态、语态和非限定动词等。亚历山大里亚学派（Alexandria School）在研究词的基础上确定了八大类词：动词、名词、形容词、代词、副词、介词、连词和冠词。此外，当时人们将语法看成是语言词汇的黏合剂，并主张语言学习者只要能够按照语法规则将词汇黏合起来表达思想就足够了。除此之外，那个时代的语言学家一致认为，书面语才是语言凝结的精华，而口头表达的话语常常会伴随错误，故而语言学习往往更加注重的是官方、权威而丰富的书面外语，而非简单的口语。

从方法论视角看，语法翻译法教学模式有阅读、分析、翻译、讲解、背诵之分。其后，宾克（Bink）提出，教学行为中，语法翻译法可以通过三个关键词进行诠释，即 Presentation（呈现）、Practice（练习）、Production（也称 PPP 教学模式）。宾克提出，Presentation、Practice 和 Production 是外语教学中最基本的环节。Byrne 首先要求教师呈现或描述语法结构或语言知识点，然后组织学生进行练习，使学生通过模仿练习、掌握新句型和正确发音的基础上，运用上下文关联的语言情景来学习巩固新学的语言知识。后来，Muslims 提出关联语言的顺序不应该是僵硬的，教师可以根据学生的英语程度的不同而灵活地排列这三个环节。即对初学者可以采用弱势 PPP 教学模式（Weak Version）。而首次掌握语法结构的学生往往将采用强势 PPP 教学模式看成一种习惯。

从教学内容和评价方式来看，根据语法翻译法的基本要求，教材编写主要是在英语语法规则范围内的阶梯式的知识安排。一般而言，这些语法规则的编排不一定遵循儿童语言习得的顺序，而是鉴于语言研究者对该语言的语法研究顺序而排列。如我国 20 世纪 80 年代以前的英语教材，基本都是按照语法规则的难易顺序编写：先是系动词，然后是一般现在时、过去时、将来时、完成时，之后进行语态、比较级、分词和动名词的学习，最后学习虚拟语气。教材编写的一般模式都是先呈现语法规则，然后进行语法学习，最后进行自由对话。由于语法翻译法提倡对书本的理解，评价的目的是考查学生是否对原文理解了，故而，很多考试将第一语言与英语的相互翻译作为考核掌握英语单词句子情况的主要参考。

语法翻译这种学习方式，更加重视学习者逐步养成熟背单词和规则的习惯，以语法规则为准绳，分解课文中的语法现象，使用母语对课文进行翻译理解。在外语学习中，教师起着主导的作用，教师是教学活动的中心，教师的讲解和分析主导课堂。学生就是记住教师讲解的语法规则，背诵教师讲解的课文，这种情况下学生学习英语主动性不强。

从评价视角看，语法翻译法的发展史长达200年，众多研究者也都将其看成跨文化学习的优质学习法之一。巴里克姆（2001）提出，在语法翻译法中，精细的语法规则和广泛的词汇知识使得语言输入更易于理解，能够使语言学习者把接触到的纷繁复杂的外语现象进行系统化的理解和接受，可在学习中由浅入深地进行语言学习分级处理。语法翻译法重视语法规则与词汇的学习，有利于学习者语言知识的巩固，有利于语言学习者学好语言基础知识。同时，语法翻译法更加强化学习者深入课本的理解，更看重标准文本的诠释，如此对于学习者的理解有规范统一的效果。但是，作为传统的语言教学法，由于受到历史的局限，自身的缺陷是不可避免的，主要表现在：语法翻译法忽视了口语教学，不重视儿童的口语交流，这是我国外语界遭受的最大质疑——"哑巴英语"的根本原因。语法翻译法过于重视语法规则，在某种程度上制约了语言交流的流畅性，妨碍了学习者口语能力的发展，且忽视了必要的语音、语调教学。语法翻译法片面强调教师的主导作用和教师对语法规则、课文的讲解作用，教学形式也相对单一，忽视了语言学习者的主动性，使多数学生过多地依赖课堂教学和教师的分析，不利于学生自主学习能力的培养。还有，语法翻译法过分注重英语本身的知识，降低了文化内容的植入，对于语言交流的规律性启发不太深入。

2. 直接法

在当前，经济全球化增进了外语学习的价值。人们使用第二语言进行交流的频次越来越多。这种对口语的需要使得语法翻译法暴露出了巨

第一章 跨文化大学英语教学的理论基础

大的缺陷。19世纪末期直接教学法的出现，弥补了语法翻译法的不足。法国拉丁语教师戈恩（Gorn）在其专著《语言教学艺术》中称自己的外语教学法为直接教学法（也称直接法）。直接教学法主要指外语教学过程中不依赖于学习者的本族语，而是通过思想与外语的直接联系组织课堂教学。戈恩的直接法教学内容不再是古板的书面语，而是学生日常生活中的真实语言，直接教学法的教学形式也灵活多变，突出语言的听说实践。不过，将直接法理论真正提升高度的教育者是伯利兹（Berliz）和帕默（Palmer）。其中，伯利兹更加侧重通过编写教材和教材使用说明来推广直接法。他的教材编写体现了培养口语能力，以达到培养学生直接使用目的语进行思维的教学目的，采用外语单元教学；教学语言完全避免本族语；鼓励教师引导学生直接对话的教学形式；以词汇使用频率作为标准组织和选择词汇学习。在伯利兹的教材指引下，直接教学法逐渐得到外语教学的认可。帕默的《科学的语言教学》等专著把直接教学法上升到理论高度。配合他自己编撰的教学用书，如《英语口语常用句》等成为英语直接教学法典型性教材。

从特征视角来看，直接教学法更为强化口语在教育中的特殊位置，尤其重视学习者口语表达能力的训练和培养；外语教学需要突出口语体的实用性，以及口语表达的流畅性与准确性；强调外语教学的目的，教学过程借助直观教具，教学重视交流过程；直接法更加强调教学活动和教学内容的趣味性、生活性，更加注重激发学生的学习兴趣。

从教学要素来看，直接教学法可分为听、联想、实践、掌握等。直接教学法从"听"入手，在思想和外语联系的基础上通过直观教学进行语言实践。这一教学模式有利于培养学生的口语交际能力和语言思维能力的提升。在现在的外语教学中，口语课和会话课仍然留有直接教学法的痕迹。

从教学评价来看，不少研究者认为，直接教学法过分强调直观教学的重要性，且这种教学法对于初学者非常适用，但到了中级、高级学习阶段，该教学法的局限就很明显了。该教学法不引入语法规则，这给学习者深入理解和学习目的语埋下祸根，不利于学生系统掌握目的语语言体系。另外，母语使用对于学习英语的影响显而易见，对比之下学习者参与高层次英语学习更为艰难。

语法翻译法可以被称作以"形式"为中心的教学活动。这一教学活动强调语言形式的准确性；直接教学法则是以"内容"为中心的教学活动。这一教学活动强调的是教学内容为主体。因此，直接教学法的出现，标志着以形式为中心和以内容为中心两种教学思想体系并存的时代开始了。

3. 听说法

在美国，Berhtz Method 被认为是直接法。到了 20 世纪 20 年代，不少教学研究人员开始对直接法提出异议，他们认为仅仅局限于锻炼口语并不现实，也不能真正完成英语教学的任务。由于，无论怎样组织课堂教学，在非常有限的课时上也难以保证口语练习到熟练的水平，所有直接教学法培养出来的学生口语表达能力与直接法的教学目标有相当的距离。在对直接法的质疑声中，阅读法开始盛行起来，直到 40 年代新的教学方法——"听说法"的诞生。听说法的原型是陆军法（Army Method）。"二战"期间，由于外语人才的严重短缺，部队为了快速培训外语人才的一种方法，"二战"后开始推广到学校，到 50 年代中期更名为听说法。听说法最显著的表现就是推崇"听说领先"。

到了 20 世纪初，语言学的深入研究和发展为听说法的形成提供了重要的理论依据。听说法理论提出，语言学习是一种习惯，语言学习指学习语言习惯通过不断地刺激以及给出积极的反应，进而帮助学习者养成这一学习习惯。语言是行为，也是刺激与反应的结果。只有引导语言学习者做这个行为，并不断地学习、实践，才可能学会。语言首先是有声音的，是讲的话，而不是书面语上印刷的文字。故而语言学习往往以听说为主，并对人们使用语言习惯产生极为深远的影响。

从主要特征看，听说法主张听说为先，兼顾书面语的学习。听说法把听说能力提升到读写能力之上成为外语教学的主要目标。听说法在强调语言听说的基础上也看重读写能力的培养，提出语言材料首先经过耳听、口说，之后才能落实到书面文字上。听说法注重重复学习，形成习惯。该教学法认为语言教学需要学习者经过大量练习，反复学习，达到自动化地掌握语言材料的程度。听说法主张教师尊重学生的学习行为，即便产生错误也不要直接指出，应该通过持续听说引导学生深入认识。听说法以句型为纲来组织课堂教学。句子是表达意义的基本单位，句型被当作是生活语言中经过高度概括而归纳所得的表达模型，也是学习者语言遣词造句的典范。外语学习应该让学生熟练地掌握外语的基本句型，通过反复学习达到熟能生巧的地步，最后可以自由地类推出各种表达思想的新句子的能力。

从基本教学模式看，听说法可分类为机械性学习、背诵、理解性学习、使用。重复性的、机械性的句型学习配合语法。翻译法是我国长期以来外语教学的主要形式。从评价上而言，听说法被看成是与社会文化环境、语言习惯密切相关的教学法之一。学生即使有一口流利的英语，但学生只能学到语言的壳，而不能接触到语言的质，因此达不到语言学习的真正目的，学习者对目标语的语法体系的了解和掌握程度不高。但是，听说法强调口语的交际功能和重视口语教学内容的实用性。真实性和趣味性等要求对现代的外语教学仍然具有较大的启示和借鉴作用，依然值得我们发扬和提倡。

二、认知主义英语教学模式

依照分类,认知主义英语教学理论可以分为两大派:一派宣扬的是联结说,另一派是领悟说或称为格式塔(Gestalt)理论。20世纪60年代,联结说发展为盛行一时的行为主义,后者发展为认知学习理论。"认知"这个术语来自学习心理学。认知学习模式是作为刺激—反应学习理论的对立面出现在世人面前的。认知心理学主要研究知识的性质是什么,知识如何获得,如何应用于创造活动中,都是属于该理论的内容范畴。

20世纪50年代以来,认知主义对于学习观念的影响逐渐显现,其在一定程度上推进了教育模式的转化。一些推崇认知主义模式的教育学家通过在实验条件下进行人类学习行为的实证研究表明,学习并非如行为主义者所声称的在外部环境的支配,被动地形成刺激—反应联结的过程,而是学习者知识主动获得的过程。认知主义者认为,学习并不是在练习与强化过程中形成的所谓的"条件反应"习惯,而是一个包括了信息输入和输出的加工过程,其中,学习者自身已有的知识和经验在新知识的获得过程中发挥了关键性的作用。依照图式理论,外部输入信息的刺激将激活学习者主体长时记忆中的语言信息,这些被激活的认知结构为新的信息的"消化和吸收"提供了必要的机制,故而,学习行为必须要保证其主动性,要做一个主动参与学习的学习者。

(一) 认知主义教学模式的认知观点

认知主义模式中其学习层面的思维定式、教学层面的传统定位,往往是出于对世界中客观存在物及其表现特点间的关系所牵引形成的整体。故而,其中知识往往是较为稳固的。教师就是信息的发布者、发起者;学习者不可避免地成为信息的加工者;教学的任务是促进和强化学习者内部的学习过程(教学是学习者以外的一套用来增强学习的内部过程的事项）。就教师而言，其主要工作是尽可能多地为学生提供现成的经典知识，尽量使学习者有机会学习和接触到更多的语言知识。学习者可以从教师所传递的知识中，通过自身的理解、加工、吸收、消化，获得与教师基本一致甚至超越教师的理解。如此，教学预设任务要求便是最大限度地引导学习者对现实事物进行深度了解、对其内部规律进行客观认知，使得客观事物认知转化成学习认知结构。故而，就课堂教学而言，教材的呈现和知识的讲授就显得相对重要，也是教学的主要知识来源。所以，通过考试等测量手段就能对学生获得知识多少进行评价，判定学生学习的效果是否达到预期的教学目标，这样常规教育行为下，测验被应用的概率不断提升。认知主义模式下，大学英语教学往往有如下五个步骤：

（1）教学组织。即选择课堂教学的课程内容，教师首先得完全吸纳课程内容后对课堂进行有效的组织，因此教师的课堂行为就显得尤为重要。

（2）激活学习者。即鼓励学习者通过已有的知识对新学习的知识进行内化，因此需要激活学习者记忆系统。

（3）进行学习加工。认知主义认为学习就是学习者的认知过程或信息加工过程，也只有经过自己加工处理的信息才能真正转化到学习者自己的认知结构中。

（4）评价学习结果，即认知主义者认为学习的结果归根结底是看学习者头脑中知识是否发生了认知变化，学习的目的也是促进学生认知结构的完善。

（5）运用学习结果。即认知主义认为学习者的内部认知结构的变化可以由学习者外部行为的变化来表征。

学习者是信息的中央处理器，教师是帮助学生进行更有效的信息加工的外部辅助器，教学是借助教学环境和学习者自身特征的相互作用而引导和促进学习者的认知成长的活动。教师"教"是为了激活、支持和完善学习者内部学习过程的外部事件安排，学生"学"是由于经验而引起的学习者行为和行为潜能（知识）的改变。故而当代认知主义模式不仅强调教学操纵和结果操纵等外部事件之间的相互关系，更注重外部事件和内部事件之间的关系，将"教"与"学"有机地结合在一起。

认知主义语言学习模式往往将认知心理学作为其根本遵循，其认为只有当学生的心智发展到一定程度时，他们才能进行自主的语言学习，否则语言学习都是徒劳。该理论一直强调意义、知晓和理解在语言学习过程中的重要作用。认知主义学习理论声称"意义"对人类语言学习的重要性，认为学习是一种"把新的事件和项目与已有的内在概念相融会贯通的过程"。认知主义语言学习的理论包括认知心理学和普遍语法。认知心理学理论与乔姆斯基（Chomsky）普遍语法理论有明显的差别。普遍语法认为，语言的习得取决于先天的语言普遍现象，而语言习得完全由其天生的"语言习得机制"（Language Acquisition Device，LAD）决定；认知语言心理学理论强调学习者参与认知对语言习得的关键影响。麦克拉夫林（Mclaughlin）把认知理论的基本观点归纳为：认知理论比较重视知晓的作用，而不是行为主义强调的刺激、反应；认知理论重在研究语言习得的心理过程，不是所谓的"刺激、反应"的被动接受学习过程。认知理论聚焦人的心理结构，认为人类知识往往如同完整系统的知识库，人类学习的任何新知识都将被纳入这个系统之内，然后经过自身加工而得以归类，从而不断完善。除此之外，认知理论更加将学习者作为其强化学习的主动参与者，而不是从外界接受刺激的被动反应者，因此强调语言学者的主体地位。总之，认知理论视野下的语言学习是一种复杂知识技能的习得过程。学习者要习得一种语言，就必须要通过接触语言知识，然后进行大量的技能训练，逐渐融合这些知识和技能，使语言运用达到所谓的自动化程度，最后被吸收纳入到学习者认知系统内部结构之中，而这一内部结构就会由于学习者语言能力提升而发生更大的变化，趋于重组。

（二）认知主义模式下的具体教学法——认知法

认知法也被称为"认知—符号"法。该教学法认为，外语教学往往更为强调学生个人的内在潜质，更加重视学生对语法规则的认知，培养学生实际而又全面的语言运用能力是认知法的教学目的。该教学方法一直强调和重视学生对语法规则的系统理解和掌握，因此也称为现代的语法翻译法，其创始人是美国心理学家卡鲁尔（J. B. Carol.）。学习语言到底是刺激—反应的习惯形成过程，还是基于规则认知的创造过程呢？在问题争论中，外语教学与研究领域形成了截然不同的两大教学流派：一派是基于经验主义的听说习惯理论，另一派是基于唯理主义的认知学习理论。认知心理学派的语言学家们重视理解、感觉、逻辑思维等智力活动在获得知识中的积极作用，他们创造性地把认知心理学的理论成果运用于外语教学，进而加速了英语教学法的革新，产生认知法。

美国著名语言学家、哲学家乔姆斯基（Chomsky）认为，认知法的语言学基础是转换生成语法（普遍语法）。转换生成语法理论认为，语言是受规则支配的体系。乔姆斯基（Chomsky）1980年在其著作《规则与表征》（*Rules and Representations*）中首次使用了"刺激贫乏论"（Stimulating Poverty Theory）这一概念，指出"'极其贫乏'（Bjghly Impoverished）的语言环境与'极其特殊和复杂'（Extremely Special and Complex）的语言知识系统之间的差异，并完成了语言输入缺陷说，即语言输入是有限的，不提供同义关系、歧义及不合语法性等关键信息"。由此推论出人必定天生具有某种语言学习的能力，这些能力为语言学习者提供了额外的知识。因此，乔姆斯基（Chomsky）认为，人类语言学习绝不是单纯模仿、记忆、熟能生巧的机械训练过程，语言学习是人类创造性地活用语言的过程。人类语言学习，即使是儿童学语言学习，不管是母语学习还是外语学习，都不是机械模仿成人的语言，而是利用与生俱来的语言机制。通过掌握相应的语言规则或者语法规则推导、演绎、转换生成无限的句子以表达自己的内在情感。人类正是借助这种规则才能够听懂从来没有听过的句子，说出从未学过的话语。故而，乔姆斯基（Chomsky）认为无论哪种语言的学习，其首要条件就是学习和掌握语言规则，并利用这些规则创造性地使用语言。乔姆斯基认为，不管学生语音、语调多么好，也不管学生的词汇量有多大，如果通过学习和掌握有限的规则，就能深入理解该语言的全部，是较为片面的认知。

掌握规则的途径往往需要首先发现规则规律，唯有如此才有创造性活用（Creative-use）规则的可能性。认知教学法认为，发现规则虽然是基础，固然重要，但语言教学更重要的是希望培养学生具有创造性地应用规则的能力。根据乔姆斯基（Chomsky）的观点，语言教学的目的是让学生能自如地言语，然而言语又是受规则支配的一种创造性活动。在语言教学中，老师的作用是在课堂中为学生创设适于学生运用语言的情景或者创造活用语言规则的机会，学生则应该用已学的规则见景生情地说出想要说出的话语，灵活地表达自己的内在情感。认知法追求的外语教学目的是培养学生实际而又全面地运用英语的能力，即具有英语为母语的国家人民一样的语言能力。就我国而言，认知法探讨的是中学生以上的成年人在本国的汉语语言环境占主导的语言学习环境中学习英语的过程及其规律。认知法理论基础为语音学、教育学、心理学的最新研究成果，尤其是通过外语类教学来综合语言教学的经验，须从以下几项原则中加以自我规范：

第一，坚持学生为外语教学的核心要素。在认知教学法看来，外语教学中，学习者的内在因素对外语学习具有决定性的作用，为了达到良好的外语教学效果，提高外语教育教学质量，实现预期的外语教学目的，教师首先必须了解和熟悉学生学习外语的心理活动，激发学生内在学习的动力，引导学生形成积极的学习态度、树立学好外语强烈的学习信心，激活学生浓厚的外语学习兴趣，锻炼学生顽强的学习毅力，促进学生智力的全面发展，通过掌握科学的学习方法，引导学生学习外语。

第二，坚持以理解语言知识和规则为外语教学前提。认知法认为，外语学习并非习惯养成，也不是机械学习的结果，而是创造性的语言活动。并且，认知法认为学生一切言语活动只有在掌握规则的基础上才能顺利进行。认知心理学派认为人类大脑已经高度发达，人类的学习外语和动物性学习的刺激、反应具有本质的区别，人类学习是在理解规则、运用规则基础上，通过大脑的逻辑推理创造性地活用语言的人类型学习过程。故而认知法强调外语教学的第一步是促学生理解所学语言的规则。学生如何了解和学习语言规则，教师应该如何讲授语言规则呢？按照认知法理论，发现法是语言规则了解、记忆的第一选择，教师在教学中为学生提供一些易于使学生发现语言规则的语料，学生从已了解掌握的规则推理到未知规则；或者在教师引导下，学生从预料中找出规则。认知法虽然重视学生语法规则的学习和理解，但并不要求学生机械地死记硬背语言规则。认知法强调语法规则的功能作用，强调学生在用外语交流思想过程中活用语法规则的能力，通过灵活使用语言规则达到熟能生巧。认知法更为强化有意义的使用规则，反对学生一味地进行机械训练，故而要求教师为学生创设交际情境进行训练，也鼓励学生在生活中活用语法规则，进而完成更有价值的学习。

第三，坚持听说读写四项技能全面发展。认知法在处理听说读写关系方面有别于传统教学法，其主张在学习语音的同时让学生学习文字。认知法认为语言文字是语言教学必不可少的，也是成年人进行学习活动不可缺少的手段。认知法认为幼儿母语学习时之所以听说领先，不是由于文字对语言学习不重要，而是由于幼儿不认识文字，根本无法借助文字进行学习。在语言学习活动过程中，文字和声音可以相辅相成，互相促进，且文字和声音配合可以提高语言学习的效率。对成年人来说，学习外语最有效的途径是运用多种感觉器官，即耳听、眼看、口说、手写。单纯靠声音学习外语不利于成年人学好一种语言，也不符合成年人学习外语的心理待点。因此，只有声音和文字共用的语言教学才会收到良好的效果。可见只有声音和文字的结合才有助于学习外语，因此认知法主张外语教学一开始就进行听说读写的全面训练。

第四，坚持创新地吸纳应用现代教育技术。教师可利用直观教具和电化教学手段，使外语教学情景化、交际化。认知法盛行的年代正好是科技发展的黄金时代，直观教具和现代化教学手段（如录像、电影、幻灯机、录音机等）都大量在外语教学中使用，使外语教学情景化、交际化，有效地创造外语语用的环境，为学生增加使用外语的机会，使外语教学过程得到了前所未有的强化。当前在语言环境缺失的前提下，应用直观教具和现代化教学手段可以高速度、高质量进行外语教学，大大提高了外语教学质量。故而，现代外语教学对直观教具和电化教学手段的应用较为普及。

利用认知法，我们对外语教学进行阶段性划分，即语言理解、语言能力、语言运用。认知法认为掌握语言知识是基础，运用语言的活动是在语言知识指导下进行的。英语（作为外语）教学的最终目的是培养运用语言的能力。由于缺乏自然的语言环境和练习机会，外语学习需要学生从理解知识、能力提升到各个层面都要付出巨大的努力和艰辛，每上升一个台阶都要学生勤学苦练。初始阶段，教师对英语语言知识的讲解，因此教学的主要任务教师为学生营造良好的语言教学环境，让学生在良好的学习氛围中能理解语言。根据乔姆斯基（Chomsky）的相关理论，认知法认为当学生对所学语言有所理解以后，教师就应该充分挖掘儿童语言习得的普遍语法，激发学习者的语言习得机制以提升语言学习能力。认知法强调语言学习并非学习者掌握多少词汇、理解多少语法、背诵多少文章，真正的落脚点是将所学习的知识应用于真实生活的交际活动中，将语言作为交流的工具。

关于认知法的应用评价：该教学法的主要价值是从心理学的角度看待、认知外语教学，更加重视理解、有意义的学习。除此之外，认知法强调发展学生智力因素，鼓励学生积极和创造性地运用外语进行交际活动；重视调动学生的学习主动性、积极性、激发学生学习外语的内在动机，鼓励学生掌握分析方法，形成良好的语言学习习惯，积极参与交际活动。但认知法也有一定的缺点，如过分强调在理解语法规则的基础上进行外语教学，这与语言习得的规律相背离，不利于听说能力的培养，也会影响言语交际。

三、建构主义英语教学模式

建构主义模式下的学习观，实质是延续认知主义的理念创新。其与认知主义模式的最大不同点在于其更强调知识建构的主观性。认知主义模式视野下的学习观认为知识是由外部输入的，即外部事物在头脑中的直接反映是客观的，可以使用言语来表征，知识可以通过教师的讲授而准确地传递给学生。不过建构主义模式学习观提出，所有知识并非现实的准确反映，而是某种近乎合理的解释或假设推理。我们对客观世界的理解，有赖于学生自身的认知"解释结构"（认知结构），换言之，知识理解是一种以主体现有的知识经验为基础的主动建构活动。这种理解只能由各个学习者基于自己的社会文化经验背景而建构起来，取决于特定情景下的学习历程,故而学习的主观能动性需求更为迫切。

(一) 建构主义教学模式的认知观点

建构主义教学模式认为,所有知识都不是仅仅停留在外部简单的思维认知。故而学习并不是知识从教师向学生的单向传递,更不是简单的信息积累,而是学生自己主动建构自己知识的过程。它同时包括由于新、旧经验间的冲突而引发的观念的转变和结构重组。学习过程不是简单的信息输入、存储和提取过程,而是新旧经验之间双向的互动作用过程,包括信息选择和通过自己已有的知识图式对新信息进行解释和同化。故学习者不是被动的信息接受者,而要依照知识之间固有的逻辑关系,以基本原理和概念为核心,形成和谐的、统一的经验知识结构或者体系,也不只是在头脑中建立一个个单独的知识储藏室。因此,教学并不是知识的传递,而是知识的处理和转换。教师也并非将知识搬运给学生,而是信息的解读者,学生也扭转了过去录音机的角色,而成为真正的主动参与建构者与进步者。

在心理学理论的发展过程中,学者们更加重视对语言学习规律的深入探知。到了20世纪后期,认知理论的一个重要分支——建构主义学习理论在皮亚杰及维果茨基的社会文化理论映照下逐渐发展起来。建构主义学习理论强调内因和外因是认识事物的关键。皮亚杰及维果茨基很早以前就提出以内因与外因相互作用的观点来研究人们认识事物的客观规律。二者认为,人在某种特定生活环境中,会逐步建立起与生活的潜在联系以及相关知识概念,从而推进自身认知能力的发展。在这个思想得到大家认同以后,一些语言学家用这个观点解释和探讨语言学习过程。建构主义语言学习观认为语言知识是学习者在一定的情景下,即相应的社会文化背景下,在其他人的帮助下,利用相应的语言学习资料,通过意义建构的方式习得的。除此之外,语言学习是在一定的情境下,通过人与人之间的协作活动而实现的,所以建构主义语言学习理论,更加突出了情境、合作、对话及意义建构等因素,并推动学习的进一步发展。

语言学习理论认为,语言学习环境中的"情境"实际上教师在课堂内或者课堂外创造、设置的较为真实的能促进学习者语言学习的语言交际活动场景及活动。其目标在于促使学生在较为真实的学习环境下和语言交流活动中促成意义的建构。而"合作"主要指的是学习者之间通过语言这个中介进行合作,其中包括分享学习资料、评价学习成果以及建构最终意义。"对话"则是"合作"的补充和重要环节。生生之间在对话过程中会完成规定任务建构。

此外,"合作"过程也包含了"对话"和"讨论"过程。"意义建构"是语言学的终极目标。建构意义指学习者在课堂中逐渐深入了解和明白事物的性质、规律以及事物之间的内在联系。建构主义还给予社会互动理论,要求学习者在学习过程中除了认知参与以外,还强调通过互动与合作进行学习,认为只有与同伴或者教师的互动、合作才能激发学习的内在活力。建构主义理论要求语言教学必须尽可能多地帮助学生获取最真实自然和有实际意义的交际学习机会,让课堂成为学习者语言运用的小型社会,让学习者在这里参与多层面的语言交际活动,从而促进语言学习。建构主义语言学习理论指出,学习者获得语言知识不完全取决于学习者记忆和背诵教师教授的教学内容的能力,而是指由学习者自身的经验和与他人协作的结果决定的。建构主义者认为,教师应该成为学生建构意义的协助人员,因此教师在教学中应尽可能地激发学生的学习动机,帮助学生学会自主学习,并通过设计合理的课堂教学情境和教学活动,引导学生主动建构既往所学知识。

（二）建构主义视野下的具体教学方法

1. 交际法

20世纪70年代，在欧共体的成立及壮大中，世界各国间在科技、文化、教育等领域的合作愈加频繁，不少国家层面的交流中屡屡出现因语言沟通而形成阻碍的问题。传统语言教学方法忽视语言交际能力的缺陷逐渐显露出来，为了适应新的国际形势对外语人才的需求，英国语言学家威尔金斯（Wnkins，1972）依照语言学习者理解表达能力的整体分析成分草拟了交际语言教学大纲的设计基础。他一改通过词汇、语法概念描述语言内核的传统做法，试图呈现语言交际应用背后的意义系统。1976年，威尔金斯出版了《意念大纲》，为交际语言教学的发展提供了指导与遵循。欧共体文化委员会根据《意念大纲》核心内容设计、组织相关语言课程，依据《意念大纲》编写的教材也相继发行，交际教学法一时间被视为当时语言教学的主要选择。

交际教学法，强化语言功能的发挥，重视将培养学生交际能力作为基本目标。交际教学法认为，强调外语是对外交流的一种工具，外语教学的最终目的是培养学生用外语进行交际的能力。学生在交际教学课堂中应该尽可能多地接受有意义的信息输入和语言使用。英国语言学家霍华德（Howard）把交际法分为强式交际法和弱式交际法。弱定义强调，通过课堂活动给学生提供使用英语达到交际目的机会。在这层定义里，教师通过讲解和展示以语言结构为基本形式的课文信息，让学生在课堂上参与一系列的交际活动来达到训练语言运用的目的。弱式交际法强调为学习者创造更多可以语言交际的空间平台，为其在实境中进行交际提供了必要的适应环境。故而弱式交际法也被部分学者概括为"学会使用"。与弱势定义不同，强势定义提倡"用语言本身学习语言"，即学生在使用语言交流中通过激活固有语言信息和刺激语言系统本身的发展而获得语言。因此,伊利斯(Elis)指出,强定义中的交流活动并非一定要以小组活动或同伴对话的形式实现。单个学生自己以某种方式和丰富的语言进行的信息交流并产生新的、有用的语言信息时,交际性的语言学习活动照样在发生,语言学习依然得以进行。强式交际教学强调通过交际活动学习语言,故而强式交际法更倾向于让课堂成为学生交际的主阵地,并且在具体实践中要符合交际性、任务性、意义性三个原则。

交际教学法的理论支撑包括海姆斯(Himes)的交际能力理论和乔姆斯基(Chomsky)在批判行为主义语言学理论提出的语言能力相关理论。乔姆斯基认为,语言能力即为一个人语言语法的内化知识,指人能够理解并说出的句子,包括从来没听说过的句子。语言能力也包括判断句子是否属于特定语言的知识。语言能力指的是理想的说话人的,而不是掌握完整语言知识的真正的人。海姆斯的交际理论主要指不仅能使用语法规则来组成语法正确的句子,且知道何时何地向何人使用这些句子的能力,其中包括语言的词汇及语法知识、掌握如何使用如请求、致歉、致谢和邀请等差异化的言语行为,并对此做出反应、掌握如何适当地使用语言等能力。

此外,交际教学法理论的发展还受到韩礼德(Halliday)功能语言学理论的影响。他提出系统语言学可用于分析句子以上的语言单位——语篇。他提出了语言的认知功能、建立和维持人际关系功能和连贯脉络功能。以往的语言学局限于在认知功能上,而忽视了另外的功能,故而传统教学法过分重视在语言形式上的教与学,忽略了学生交际能力的培养。

交际教学法的语言观认为语言是表达的系统,语言的基本功能是使人际之间互动与相互交流,语言的结构反映了交际的用途,语言的基本单位不仅仅是其语法和结构特征,还包括语篇所体现的功能和交际意义类别。交际教学法隐含了建构主义学习理论的相关原则:交际原则,认为语言交际的活动才能促进学习者的语言学习；任务原则，活动要求学生自己用语音去完成或者执行有意义的任务，这样的活动才能促进语言学习者有意义的语言学习；意义原则，对学习者具有意义的语言能够支持学习过程。

关于交际教学法的评价认为，交际教学法更加突出在课堂外语教学流程中的植入，突出语言学习中的交流性和互动性。在交际教学中，教学的重点从传统语法翻译法的形式转向了内容，从单项的语言知识授受转向了双向互动的语言实践。交际教学法注重语言教学环境的真实性，强调语言实践环节的模仿性。利特伍德（Litwood）认为："交际教学法使我们强烈地意识到只教会学生掌握语言的外部结构是不够的，学习者还必须掌握在真实的环境中将这些语言结构运用于交际功能中去的策略"。英语课堂执行教育时，如何积极地创设适于语言交际的环境，促使学习者在真实的交际环境中掌握语言是运用能力。交际教学法以学习者为中心。交际教学法摒弃长期以来教师"满堂灌"的教学习惯，坚持把学生看作语言学习的主体，坚持要求学生在教学过程中扮演积极的学习角色。交际教学法的教学内容强调教学内容的真实性，通常而言，交际教学法的教学资料并不固化，教科书、教学参考书等都可以作为其教学的内容范围。学生根据日常生活中真实的语料经过学生加工、教师编辑合作带进教室的现实生活中的教学资料。学生学习真实的教学内容可以激发学生学习的兴趣和触动学生内心深处的真实情感。

从20世纪70年代兴起至今，交际教学法受到国内外英语教学界的大力追捧。同时在几十年的实践中，不可避免地暴露出了一些问题和缺陷。第一，交际教学法注重语言的交际目的，但却相对忽视外语的语法系统学习，因而学生对掌握语言的基础知识方面相对欠缺。第二，与语法翻译法注重外语阅读、翻译相反，交际教学法过多地强调学习者的口语教学能力，而学生的读写能力，特别是学习者的语言表达的准确性方面注重不够。第三，在外语教学实践中，交际教学法更加重视语言环境的打造，但其语言氛围的营造有时也带有一定的挑战性。

2. 任务型教学法

任务型教学法，设定任务为目标，以导引课堂语言教学。从其发展脉络看，任务型教学法是交际教学法的发展。20世纪80年代以来，任务型教学法对我国外语教学产生了深远的影响。教育部的《全日制义务教育普通高级中学英语课程标准（2001）》（实验稿）明确"提倡任务型教学模式"，建议教师在课堂上尽量采用"任务型教学途径"。所谓"任务型教学模式"通常指威利斯（Willis）于1996年设计的前任务（Pfe-task）、任务环（Task-ring）以及后任务（Post-task）（也称PTP教学模式）。Willis的PTP教学模式是在著名应用语言学家拜恩（Byrne）提出的PPP教学模式上发展起来的。Byrne在教学过程中提出："呈现—练习—运用"的教学模式（称PPP教学模式）。拜恩认为"呈现—练习—运用"是外语教学中最基本的环节。拜恩首先要求教师呈现或描述语法结构或语言知识点，然后组织学生进行练习，使学生通过模仿练习、掌握了新句型和正确发音的基础上，要求学生运用上下文关联的语言情景来学习巩固新学的语言知识。后来，Muslims明确指出，教师可依照学生英语素养的不同，灵活地排列这三个环节。即对初学者可以采用弱势PPP教学模式；而对于那些初步掌握了基本语法结构的学生则采用强势PPP教学模式。

也有不少研究者，如路南（1991）提出任务型教学法的特点有如下表现：①任务型教学法要求老师把真实的语言材料引入到教学中。②学生不仅仅要关注语言项目，更应该重视学习过程本身。③任务型教学法强调学生亲身经历，要求学生通过探索自主学习。④任务型教学法还要求学生把课内学习和课外学习结合起来。

鲁子问总结了路南等人的著作及《全日制义务教育普通高级中学英语课程标准》等文献的阅读分析,结合按照任务性教学思想编写的小学教材《新标准英语》和初中《新目标教材》的分析,总述认为:

(1)"两个强调":强调学生运用英语进行交流,从而培养其交际的能力;强调交流的过程中应该在更广的层面上培养学生综合语言运用能力。

(2)"两个注重":注重学生学习过程的发展,首次提出语言教学中应该尽量使用真实的语言材料,力图让学生在完成真实生活任务中积极参与学习过程,从而培养英语的学生运用能力;注重以真实生活任务为教学中心,考虑了学习者个人的经历及其对课堂学习的影响,修正了以功能为基础的教学活动中存在的英语教学真实性不足的问题。

(3)"一种形态":任务型教学法是交际法延伸的一种新形态,是交际法的发展。

(4)"三个步骤":任务型教学要求语言教学活动从学生学习语言知识、发展语言技能出发,结合课内语言学习与课外语言活动,切实提高学生的语言运用能力。威利斯认为,任务型教学模式有三个步骤:前任务(Former Task)、任务环(Taskcycle)和后任务(Post Task)。

前任务阶段。教师在课堂中向学生引入任务,向学生介绍话题和布置任务。

任务环阶段。威利斯将任务环阶段分为三部分:①任务(Task),该阶段为学生完成任务阶段。学生以小组或其他形式完成任务,教师对学生的任务完成进行监控,鼓励各种形式的交流,并给予适当的提示或指点其错误。②计划(Plan),各组学生准备如何向全班报告任务完成的情况。③报告(Reporting),各组学生在班上汇报自己任务的完成,而教师这时就充当主席的角色,评价各组的完成情况并加以点评。

后任务阶段。该阶段为讲解语言知识点让学生反思自己的任务完成情况，并进行适当的学习。我们还可以把这一阶段分为：①分析（Amlysis），学生通过分析各组执行任务的情况，学习新单词、短语和句型；②学习（Practice），学生在教师指导下进行语言学习，学会运用语言。

　　整体来看，任务型教学中的教学模式贯穿了"以学生为中心"的课堂教学，教师不再是传统意义上权威的"传道者"角色，而成为了学生活动的"顾问"。这样，学生就可以进行自主学习，这有助于培养学生学习兴趣，激发学生学习动机。另外，任务型教学法充分体现了学生在情景中进行语言习得，学生在设置的情景中使用他们掌握的语法知识和其他表达，有助于学生更好地习得和掌握语言。在完成任务的过程中，都是学生自己查阅和收集的材料，这些材料也都是自己感兴趣的，并且都来自现实生活，是真实的语言材料，这样通过学习真实的语言材料，可以缩小学生课堂知识与现实世界实际问题的差距，可以有效帮助语言运用问题的消除与解决。

　　当然也有不少研究者认为，任务型教学模式在前期存在明显的设计缺陷，有的学生不知道他们到底该做什么，甚至有些学生不愿参加完成任务的活动，他们不认为这是在教授英语，而认为是在搞活动。另外，有人提出任务型教学法 PTP 教学模式下的教学会使学生两极差距越拉越大，优生会越来越好，差生会越来越差。除此以外，有的老师还指出，PTP 教学模式操作性方面也体现出诸多问题，如录音设备、课堂时间安排等。

第三节　其他相关理论

一、英语体验式教学

体验式教学理论发展源起较早，苏格拉底、柏拉图、亚里士多德和卢梭等教育家都在其理论中反映出体验之于教育的价值。其后 John Dewey 的进步教育哲学理论反映了体验学习思想的最初雏形。Mm Dewey 主张"做中学"，他不仅强调儿童在平时日常环境中的亲身经历，也重视儿童的理性反思，构建了以"做中学"为核心理念的教学体系。在杜威的教学体系中，主动作业既是教材，也是教学方法，方法与教材在交互作用中融为一体。教材不是以知识为中心的学科逻辑的再现，而是以儿童现实活动为中心的主动作业。他极力提倡反省思维，反省思维"是对某个问题进行反复的、严肃的、持续不断的深思"，并且概括了教学活动的五个步骤：创设真实的经验情境—在情境里挖掘真实的问题—收集符合教学需求的材料—产生问题解决办法—通过应用检验办法。杜威的教学过程不仅重视学生的亲身经历与真实感受，而且强调所学知识与亲身经历所获得的真实感受与直接经验进行不断关联与整合，只有所学知识与个体直接的行为与情感经过反复关联实现有机整合，所学知识才会在个体经验中找到属于自己的位置，实现意义建构，个体行为与情感才会得到不断深化与拓展，实现智慧的增长，杜威系统地概括了体验式教学的理论内涵及应用表现特征。

体验学习更加突出学生的"经验生长"，倡导最大限度地调动学生的

第一章 跨文化大学英语教学的理论基础

潜能,从而保证学习与学生的兴趣良性结合起来。体验式教学强调学习者需要自主学习,在学习的过程中,学习者需要把所学内容转化为自己的知识并掌握知识的本质,学生正在成为学习的主体,教学强调学生的学习主动性和学习动机,而体验式教学不但强调学生的主体性,也考虑到学生的情感和动机。体验活动的内部心理过程并不仅仅是情感过程,还可能由知觉、思维、注意以及其他心理机能来承担。这种体验活动往往更能显示情境的影响价值。毕竟它能在现实中改变心理情境,能够积极改造心理世界。正如苏联心理学家瓦西留克所说:"体验活动的结果总是一种内部的主观的东西——精神平衡、悟性、心平气和、新的宝贵意识等。"至于文化的内容,它是一个无所不包的空间,有隐性的、有显性的,显性的文化比较直观,可以通过心理体验以及主动体验过程获得,而隐性文化比较隐晦,必然会借助心理与实践上的切身体验,实现经验由被动获得向主动获取的过程。

众所周知,跨文化交往障碍一般潜藏在社会领域的内在规则和知识。故而缄默规则或者缄默知识的获得就成为文化教学的瓶颈。后现代知识观对于缄默知识的重视值得一提。后现代知识观对于非确定的知识、个体知识、缄默知识关注,对获得知识过程中的人的认知方式、主观态度、情感体验的关注,提醒我们教学不仅仅是让学生接受现成的知识结论,还必须由学生自己去参与、去经历、去感受、去体悟……对此,教师应该充分认识到,知识的学习过程是学生的精神世界"自主建构"的过程,学生不是被动地接受外在信息,而是通过生活中的感受、理解、领悟,自主生成新的意义世界,在这一过程中,教师所要做的不是给出现成的知识,而是创设与学生的生活世界相关联的情景……"可以看出,缄默知识或者缄默文化的获得必须经由情景体验或者说缄默知识必须从实践中获得。在本书研究中,以营造创设情景为手段,以反思、体验和实践结合为途径，从而完成大学英语教学，实现预期目标，帮助学生能够在英语语境中自然、得体地运用英语。

　　当前来看，文化体验在内部机制上体现出差异化、阶梯化的学习阶段。迄今为止，有七种文化学习模型：Hanvey 提出"跨文化意识的层面"；Hoopes 提出"跨文化学习过程"；Brown 提出"涵化（文化适应）阶段"；Bennet 提出"跨文化感知"；Kim 提出"压力—适应—成长动态过程"；Paige 提出"跨文化学习的强度因素"；Guchenour 和 Janeway 提出"跨文化互动"。这其中，文化学习模式都是在双语环境下进行的，故而现行大学课堂里一般是通过一定的教学手段，创造一定的情境，且在此情境下进行文化学习。Patrick R. Moran 在《文化教学实践的观念》中提出了文化体验一词，其认为："文化体验包括四个互相联系的学习活动，即知道是什么样——包括所有聚集和展示文化信息的活动；知道怎样形成这样——包括获得文化实践的活动，如行为、技巧、说、看、站等；知道为什么形成这样——包括一种文化中的观念、价值观、态度等；然后是知道自己的文化与他文化的异同，获得了文化意识。"同时，Patrick R. Moran 还认为，文化是一个复杂的混合体，要帮助学生理解文化，可以从三个方面入手：文化体验（Cultural Experience）、文化知识（Cultural Knowledge）、体验式学习循环（the Experiential Learning Cycle）。由此可以看出，文化学习过程是有意识且有目的，它需要情感管理、需要将隐性成分变成显性成分，学习者文化与目的语文化的关系影响文化学习，师生关系影响文化学习，文化教学中不仅仅要进行文化教学，更要引导学生变身为有意识的文化学习者，主动的体验者、理性的分析者，在其中，教师仍然是不可或缺的角色。

　　文化体验学习过程不仅是心理体验的过程，更是实践感知的过程。由于文化所承载的信息给学习者以强烈的心理体验，当学习者在一定的

第一章 跨文化大学英语教学的理论基础

体验活动中时,则是心理体验和实践体验的综合运行。同时,学生在被动的文化体验活动中,即教师的讲授,文化体验自发地、直接地、自然而然地提供给人们;在主动的文化体验活动中,如角色扮演、戏剧表演,学生对于英语语言文化的理解进一步深化,并随着循环式体验的进行,达到文化教学的目的。在高校英语学科教学中,文化体验更多是从理解语言文化的角度看待英语的语言习惯等,且会通过一定的学习活动进行实践,如角色扮演、戏剧表演、讲故事等。故而这里所谈的文化体验可以定义为:依照同一个文化主题,展示丰富的教学内容,进而激活学生体验兴趣,主动参与,可以加深语言学习的价值理解。

外语教学到了一定层次往往更多是文化层面的交流。从分类来看,跨文化交际理论的发起者霍尔在著述《无声的语言》中直言不讳,"文化学存在于两个层次中:公开的文化和隐蔽的文化。前者可见并能描述,后者不可见甚至连受过专门训练的观察者都难以察知……文化所隐蔽之物大大甚于其所揭示之物。奇特的是,它能隐蔽的东西最难为其自身的参与者所识破"。笔者认为,霍尔关于公开的文化与隐蔽的文化是对于文化结构最精确、最科学的描述,由于它避免了分类的交叉现象,如物质文化与精神文化的交叉,由于物质文化中蕴含着精神文化。在文化学研究中,隐蔽的文化或者成为隐性文化是最难触及的。同样,语言教学中的文化教学内容也会涉及隐性文化的传递。同时,隐性文化层中包含的是传统和当代的各种观念,如人权观、劳动婚姻、发展观、宗教观等,而文化价值系统是核心理念。

价值系统主要指一个或数个价值观念为核心而形成的关于人类活动的目的、意志、行为、鉴赏、兴趣和意向等的价值系统,它是文化的深层内核,是民族文化的精神本质,决定着文化的特征和风范。如此而论,隐性文化相比较之下更为抽象,但其能够将思想或理解寄托在某些载体上显示自身价值，如文学、艺术等，那么大学英语教材文本不但是很好的挖掘公文化的素材，也是挖掘隐性文化的素材，文化学习成为关键，尤其是隐性文化的教和学。由于隐性文化知识需要个体的体验和感悟，与个体的实践不能剥离，所以，笔者认为隐性文化知识与个体理解存在不确定性关系。由此，本书将大学英语文化体验教学界定为：在教学活动中，文化是其探究的内容和途径，通过教师的引导，创设相关的情景，结合现代的教育技术工具，通过学生亲身体验英语语言所反映的文化内涵，把教学内容联系起来，使得教学成为一个动态统一的过程，学生将在未来的生活中，合理、得体地使用英语。在这一过程中，教师通过传授教学内容，不但充分揭示英语语言所反映的文化内涵，还要扩充该文化的外延，使学生在一种特定的文化氛围中体验学习英语语言，实现教学目标，完成教学任务。

二、交际语言教学法（Communicative Language Teaching）

交际语言教学法，所指为将语言及沟通能力作为语言学习的重点，并根据语言表达需要进行适配性教育。语言教学功用包括了规范性、互动性、想象性以及再现性等多种用途。正当 Situational Language Teaching（SLT）在英国的语言教学界盛行之时，美国已于 20 世纪 60 年代末开始检讨 Audiolingual Method 的理论基础。此举让英国的语言专家们开始质疑 SLT 的教学理论。他们开始注意到语言教学的重点应该摆在"交际能力"；用来呼应美国语言学家乔姆斯基（Chomsky）所提的"语言能力"，而非语言结构的熟练度。美国语言学家们也表示，语言的独特性与多变性不是用几个结构性的理论就能笼统概括的。而欧洲的语言学家所提出的观点也与英美两国的反思潮互相辉映：语言教学的课程内容应该以语言学习者所需之沟通需求与能力为主。于是，在英、美、欧三方的教学理论

第一章 跨文化大学英语教学的理论基础

的融合与对斥下,诞生了 CLT 理论。

交际教学法认为,语言包含了"交际能力"和语言所处的"文化社会意涵",其功用包括以下几类用途:

功能性（Functional）:指用言语和他人互动;

规范性（Regulatory）:指用言语限制他人行动;

互动性（Interactional）:指用言语和他人互动;

想象性（Imaginative）:指用言语创造出想象世界;

再现性（Representative）:指用言语沟通、呈现信息。

美国社会语言学家海姆斯（Hymes）于 20 世纪 80 年代提出交际能力这一概念。他认为"交际能力"可以概括为一个人对语言知识和能力的运用,主要包括四个方面:

（1）语法能力（Grammatical Competence）,也就是语言符号本身的知识（包括词汇、构词规则、语音、句法等方面）,主要涉及正确理解和表达话语的字面意义的知识,也就是句平面上遣词造句的能力。

（2）社会语言能力（Sociolinguistic Competence）,指在不同的社会语言环境中适当理解和表达话语的能力。语境因素包括话题（Topic）、交际双方的社会地位（Status of Participants）和交际目的（Purposes of Interaction）。话语应该在语义和形式两方面都是适当的。

（3）语篇能力（Discourse Competence）,指把语法形式和意义融合在一起,用口头或书面形式连贯地表达不同种类语篇的能力。语篇的完整统一通过语言形式的衔接（Cohesion）和语义的连贯（Coherence）来实现。语篇能力也就是超句平面上组织语段的能力。

（4）策略能力（Strategic Competence）,为了加强交际效果或弥补由于缺乏交际能力等因素引起的交际中断所使用的策略,包括言语（Verbal）和非语言（Nonverbal）两方面。换句话说,策略能力就是在交际过程中的应变能力。

交际语言教学法有三大原则：

沟通原则：通过实际的沟通情境来实现增强学习效果的结果；

任务原则：通过双方语言沟通来完成既定任务的学习；

意义原则：教学内容对学习者能产生意义则较能增强学习效果。

交际教学法（Communicative Approaches）并不是一种单一的、固定的教学模式，它的核心内容是"用语言去学"（Using Language to Learn）和"学会用语言"（Learning to Use Language），而不是单纯的"学语言"（Learning Language），更不是"学习关于语言的知识"（Learning about Language）。其教学的最终价值是帮助学生在交际方面获得更多的素质能力。在课堂学习中，师生、生生之间往往处于"交流""交往""交际"的场景中，在听、说、读、写等环节行为中去获得外语知识和交际能力。

第四节 跨文化大学英语教学的理论框架

一、跨文化教学目标及内容

（一）跨文化英语教学目标

在跨英语教学中，建构与确定目标是其教学计划实施的首要任务。本书基于上述跨文化英语教学理论思想的充分吸收，持续大力推进跨文化英语教学思想，逐步使有中国特色的跨文化英语教学框架尽快形成，确立起明确的教学目标与教学环节。

跨文化英语教学总体目标应确定为：一是促进学习者的英语交际能

力（语言文字目标、初级目标）的提高；二是对学习者的跨文化交际能力（社会人文目标、高级目标）进行培养。在交际法教学延伸与发展起来的跨文化英语教学，若确定其最终的目的是提高英语方面的交际能力，仅仅是跨文化英语教学的一部分内容，也能够成为一种对跨文化交际能力进行培养的路径。不过我们不能贸然地认为，"对英语交际能力进行培养"必须成为培养跨文化交际能力的主要内容。就实质看，这两个目标证明其有与英语跨文化教学一样重要的地位。学习目的语言和文化是英语交际能力的核心内容，其重点是促进语言交际能力与阅读能力有所提高，这可谓英语教学实用的语言文字目标（The Target of Spoken and Written）。英语教学的高级目标是培养跨文化交际能力，这是借助于文化方面的对比，来增强自己的跨文化意识，展开文化知识的普及学习，以培养不同文化群体的交际技能并开展思维的不同视角、立体和灵活方式能力的训练，能够通过外语学习，充分发挥出学习者个人的素质和综合能力，这成为英语教学的社会目标。从一个角度看，虽然跨文化交际能力需要英语交际能力作为基本前提，但通过跨文化交际能力培养也可以不断提高外语的交际能力，由此可见，两者是密切关联、协同发展而又彼此渗透在一起。

（二）跨文化英语教学内容

跨文化英语教学的整个过程，往往是围绕固定或动态的教学内容进行的。我们可以从知识、能力和态度三大目标来定位英语教学内容。因此，所开展的教学内容应对学习者需要给予全面的考虑。仅这里看其教学内容的四大模块：目的语言、目的文化、其他文化和跨文化交际能力组合而成跨文化英语教学。

目的语言和目的文化是与我们现行英语教学内容相当一致性的内容。在做好这两方面内容学习的基础上，可以让学习者对目的语言知识充分掌握。同时，也能够借助于这一语言知识的使用，有效地开展与目的语言群体之间的交际活动，由此形成了英语交际能力。不过我们必须明确的是，上述两大模块加入了"语言意识"和"文化意识"两个方面的内容。教学内容中有语言意识，其目的是希望学生能够通过对目的语言的学习，反思自我母语，从而认识和掌握好语言的基本规律，尤其是对涉及语言与社会、语言与文化之间存在的关系能有所了解。不仅如此，同一学习者的文化意识培养的目的，是要让学习者对文化的构成、文化的作用、文化的发展规律等理论认知系统掌握好。

其他文化这里所指为英语文化，是非母语的语言文化。我们在跨文化意识和能力培养过程中，对其他文化的理解意识特别重要。与此同时，文化理解需要通过目的文化教学来实施。也就是说，对本民族文化与目的文化之间进行交流活动，需要学习者学习目的文化知识作为基础，自己主动去找机会，也可以借助老师所创造出的机会，有效地体验目的文化，并对本族文化进行反思，深入比较英语文化与本族文化的差异，以提升自身对于不同文化的认同态度。

培养学生的跨文化交际能力，是跨文化英语教学内容的另一个范畴，其教学内容相对范围较广。培养跨文化意识是要对学习者的文化差异敏感性和态度进行培养。辨析跨文化交际能力这个概念，其表示的是将知识、能力以及情感的不同层面组合在一起的综合性素质。作为一种教学内容，跨文化交际实践主要是将课本教材和教师所提供的跨文化交际机会作为情景，让学生有机会亲身对跨文化交际中出现的问题进行理解，这些问题需要得到英语教师的帮助，从而学生可以自己掌握和调节好，并能掌握解决问题的方法。跨文化研究方法的教学包含在教学内容模块中，蕴含其中的主要内容是培养学习者的跨文化交际能力有终身学习的过程，毕竟学习者仅仅依靠学校教育不可能掌握好一切外来文化。故而，教育的最终目标是让学生掌握跨文化研究的脉络与思路、方法等。

在当前，民族文化研究法（参与研究法），因其倡导人们主动参与、客观研究而被广泛接受。跨文化英语的教学内容是依据教学目的建立起来的。必须引起重视的是，这些有着紧密联系的教学因素，其分开分析是为了能够方便描述。就本质看，目的语言、目的文化、其他文化和跨文化交际能力等教学内容之间有着密切不可分的关系。具体而言，教学通过语言意识、文化意识和跨文化意识能够帮助学生，使学生能够充分了解语言和文化的本质特点及其功能，也可认识到语言、文化和社会有着非常紧密的关系。毋庸置疑，语言知识和文化知识的学习属于外语交际和跨文化交际的重要环节，英语教学的基础内容由其所组成，彼此相互依存。对能力的培养离不开使用语言和文化交流以及跨文化实践等活动，这也能够培养情感和积累比较多的语言文化知识。开展跨文化研究的最根本需要是将跨文化教育中所涉及的情感、知识和能力培养贯穿于整个过程中，然后由教师引导学生开展有意识的探索、归纳与总结实践，最后提升学生的跨文化交际能力。

二、跨文化教学中的文化因素

从学科构建来看，大学英语是大学教育的基础类语言学科，教学的根本目的是提高学生的英语语言素质，进而帮助学生顺利实现跨文化交际。不过显然，中西方文化存在着很大差异，在交流中仅凭借语言功底和能力是远远不够的，只有了解并熟悉西方文化，才能更好地进行跨文化交流。语言与文化的关系从来就是密不可分的。语言是文化的载体，文化融会于语言之中，制约着语言的形式，它不断将精髓注入到语言之中，成为语言的内涵并通过语言完成其内容的表达。正如南京大学王守仁教授指出，英语学科的基本要素是英语语言、文学和文化。

多元的文化形态，丰富了跨文化学习的范围与内容。故而英语学习不仅是技能性的语言学习，更是一种文化性的体悟学习。根据教学大纲的要求及素质教育的指导思想，大学英语素质教育应包括语言知识、语言技能以及语言应用中的文化素质。英语作为一门语言，不仅仅是符号系统，更是交际工具、思维工具和文化载体。大学英语的内容包罗万象，几乎涉及人类社会生活的方方面面，包括天文地理、历史哲学、伦理道德、民俗宗教、艺术欣赏、自然科学等知识，课文中潜在的一些价值观念，比如自由、民主、平等、正义、责任等仍是我们这个时代所谈论的话题。对于以英语为外语的学习者来说，文化因素直接关系到跨文化交际的成功与否，关系到语言使用是否适当与准确。因此，大学英语教学仅仅强调语言本身，即词汇与语法的教学与训练是不够的，大学英语教学应包含丰富的文化因素。

（一）大学跨文化英语教学中的文化因素

源于跨文化英语教学的价值导向，大学英语中的文化因素包括哪些内容，在实际教学中如何导入与渗透，是广大大学英语教育工作者关心的问题。

从当前研究的主要认知来看，广泛认可的文化因素的内容主要包括以下几个方面：日常交际语的文化因素，包括招呼、问候、致谢、致歉、告别、打电话、请求、邀请等用语的规范，以及话题的选择、禁忌语、委婉语、社交习俗和礼仪等；非语言的交际形式，如手势、体态、衣饰、对时间和空间的不同观念等；词语的文化内涵，包括词语的指代范畴、情感色彩和联想意义，某些具有一定文化背景的成语、谚语和惯用语的运用；相关英语国家的政治、经济、历史、文学及当代社会概况；中西方价值观念和思维习惯上的差异，包括人生观、世界观、人际关系、道德准则以及语言表达方式等。这些文化因素的内涵基本包括了大学英语教学中英语语言文化的各个方面，对广大教师在英语课堂教学设计中合理安排文化导入与渗透提供了重要的参考。笔者认为，大学英语教学中文化因素的构成必须包括三部分内容：英语国家的文化、汉语语言文化以及其他国家的文化，后两者服务于前者，更全面地促进英语国家的文化教学。

（二）跨文化大学英语教学中的本族文化因素

从汉语言文化知识的显性角色看，汉语可以辅助跨文化英语教学，它的特征是汉语与所学英语并用，在整个英语教学过程中始终是汉语和所学语言的对应、转换。对以汉语为母语的人来说，汉语和思维的联系是自然的，而英语和思维的联系却要把思维从一种语言的基础上转换到另一种语言的基础上，这个过程是不能离开汉语的。在跨文化英语教学中，把母语作为辅助手段是十分必要的，会收到事半功倍的效果。在大学英语教学中，主要采用类比的方式导入汉语文化知识，通过对比让学生更加深刻地理解与领悟英语语言文化。

跨文化英语教学中，学生们都将单词词汇的硬性记忆当成最为困难的事情。英语是表音文字，可以通过语音来记忆单词，但要同时记住词语相应的意思则有一定的难度。大学英语教师要起到积极的引导作用，汉语言文化的导入与对比可以引起学生的兴趣，加深学生的印象，让学生更快、更准确地记忆单词。比如，《新视野大学英语》第三册词汇表中"Wax"这个单词，需要学生理解掌握"Wax and Wane"这个词组。"Wax and Wane"是个习语，表示力量或重要性兴衰，如果直接翻译这个词组的意思则学生记忆效果一般，如果在讲解中把这个习语分开解释："Wax"指月亮渐圆、渐满，"Wane"指月亮渐亏、渐缺，对于月亮及咏月的汉语诗歌学生很熟悉，特别是苏轼的名句"月有阴晴圆缺"，那么"Wax and Wane"的意思就不难理解了。大学英语词汇中类似的情况不胜枚举。值得注意的是，在大学英语教学中导入汉语语言知识的目的是让学生更加深刻与轻松地理解英语知识，因而材料的选取十分重要。我们在教学过程中，要选择与相应的英语知识紧密相关的、学生熟悉的材料，以熟悉的汉语联系到陌生的英语，这样才能促进英语知识的理解与掌握。

在英美文化文学领域，诗歌是英美民族语言与文化的集中体现。在实际教学中，许多大学英语教师都会在教学设计中给学生安排相关的英美诗歌，特别是名家名作。比如，关于爱情这个主题，不可避免地就会涉及英国诗人叶芝的名诗《当你老了》，诗人的语言没有热烈宣泄的激动，只有平静而真挚的倾诉。表达了诗人对恋人忠贞不渝的爱慕。学生在高中阶段曾经接触过的一首宋词可以与之媲美——李之仪的《卜算子》。长期以来，引用汉语知识做比较是为了表现汉英文化的差异，而这两首诗恰有异曲同工之妙，不管是比较相同还是不同，比较的目的都是理解并跨越文化差异，促进文化间的沟通与交流。因此，大学英语教学中的文化因素还应包括汉语文化的应用，这种应用必须要以不同民族的文化理解与交流为主要标向。

（三）跨文化大学英语教学中的异族文化知识

作为高等教育的一个重要组成部分，大学英语同样承担着引领社会文化的重任，肩负着为社会培养合格人才的使命，是人类文化传承、人文教育、人格塑造不可或缺的一个阵地。那么，在大学英语教学中输入与渗透英语文化与汉语文化之外的其他国家的文化无疑可以开阔学生视野。不仅如此，在大学英语教学中适当讲授其他国家的文化知识，还可以加强学生课本知识的理解与掌握，更加有效地完成教学任务。比如，新版《大学英语》（综合教程）第二册第六单元 *Women, Half the Sky* 一文，讲述了美国杰出女性的成功经历，旨在鼓励广大普通女性通过自身的不懈努力实现自己的目标。这篇课文属于励志类文章，中国女性与美国女性相似，社会地位比之从前有了显著提高，社会为广大妇女提供了施展才华的机会，学生对课文的理解没有困难，很容易以中国和美国的情况以管窥豹，推而广之。事实上，世界上很多国家妇女的地位还很低，比如：孟加拉国实行的是"一夫多妻"制，大多数当地妇女只能辛苦地做事为夫家挣钱，丈夫可以轻易地与妻子离婚，而女性只能被动地接受命运；在印度、韩国、日本，女性充当社会半边天只是"水中月，镜中花"而已。通过各国妇女地位的对比，学生增长了知识，能够从宏观角度来看待并思考妇女的地位问题，而不是坐井观天囿于一隅。在课文讲授过程中，相关文化知识的讲解除了可以开阔学生视野外，还可以引发学生的思考。教育的最终目的是培养善于独立思考问题和解决问题的建设者而不是循规蹈矩的书呆子。因而，其他国家文化知识就成为大学英语教学的文化因素的必要组成。利用不同国家文化知识的贯入来增进学生对文化所在国语言的理解与认同，是其根本应用价值所在。

在大学跨文化英语教学的文化因素中，英语文化知识、汉语文化知识以及其他国家的文化知识都应该是文化导入与渗透的内容。英语文化知识是讲授的重点，后两种文化知识应当服务于前者，作为英语文化知识的有效补充。还应注意在大学英语教学中所导入的这些文化内容应与学生所学的语言内容密切相关，语言知识与文化知识同步传授，使二者构成水乳交融的完整教学体系。此外，文化教学还应强调以学生为中心的自主学习原则。教师要根据学生的语言水平、接受能力和领悟能力，确定文化教学的内容，由浅入深，由简单到复杂，由现象到本质，进而解释文化教学的现状需求，提供补位优化思考。

三、跨文化交际影响因素

《朗文语言教学及应用语言学辞典》中关于跨文化交际做出精准解释：

跨文化交际是指不同文化背景的人之间的思想、信息等的交流。跨文化交际中出现的问题一般要比相同文化背景的人之间的交际中出现的问题多。每个参与者都根据自己的文化习俗和预见理解别人的话语。如果说话者的文化习俗迥异，就很容易引起误解，甚至导致交际的完全失败。语言、交际、文化的关系密不可分，语言教学的目的之一是使教学对象能够运用所学语言进行交际，即具有交际能力；文化影响语言和交际，故而教授语言的理想目标是使教学对象使用所学语言在目的语的文化语境中以符合对方文化习惯的方式交际，即培养学生个体的跨文化交际的能力。

（一）跨文化有效交际

在差异化的交际环境中，人们往往会产生各种跨文化交际行为，交际双方有时是推心置腹的言语交谈，有时是唇枪舌剑的言语的交锋，有时是表情手势的非言语交流。这些交际行为的效果往往是不一样的。交际是一个交换信息，并赋予其意义的过程。对所交换的信息，双方要各自进行编码和解码，也就是各自对此信息赋予意义、给出解释。信息的发出者和接收者进行的上述潜在过程要做到完全一样，即使是具有相同文化背景的两个人也几乎是不太可能的，而跨文化交际限于文化的差异而产生理解与沟通上的思想交叉。

跨文化交际往往需要去看到底对方是否在某种程度上与自己保持了相同的信息摄取与理解。也就是能在多大程度上排除误解。误解固然是存在的，成功的交际者会设法将其降到最低限度。因此，交际效果不是平常所说的是否理解了对方的意思和表达出了自己的意思，而是多大程度地分享了信息和多大程度降低了误解。

交际过程中存在很多的影响交际效果的要素，如编码、解码、信息发送者、信息接收者、渠道、噪声等。在跨文化语境中，信息的发送者和接收者具有不同的文化背景,他们习惯了各自的认知、思维方式,其编码、解码的过程和方式也常带有各自文化的烙印。比如,美国人直来直去的交际风格常常让习惯于含蓄委婉的中国人和日本人觉得不适应甚至难堪。又如,基于跨文化交际中翻译行为,交际产生的效果往往受限于翻译能力与翻译忠诚度。

跨文化交际中,衡量是否有效的标准便是信息接收方在任何语境下能够理解信息发出方的意图并做出合适反馈的交际。当然,这种相互理解也只是相对的,我们可以把理解说成是最小化的误解。交际的有效性与类似的意义诠释密切相关,即双方是否对同一信息做出了相当类似的解释。成功的交际是双方做到相互理解,但相互理解并不是指双方意见达成一致。双方虽然做到了相互理解,但意见达成一致和保持分歧都是有可能的。在其中,无论彼此双方能够互相理解,还是在共同的语境中进行理解与交际,都是交际双方能力的体现。跨文化交际中,测定是否存在交际误解,需要看双方对同一信息所做出的诠释是否一样。这种误解虽然不能完全避免,但交际并非就此无法进行下去了。只要将误解降到最低,信息在传达和被诠释的过程中未被歪曲,交际就可以说是有效的、成功的。

要想完成交际双方最无差别的交际,跨文化交流往往需要依从两个条件。①赋予交际以相同的语境与意义理解。交际双方应该掌握对方语言,了解对方文化。若是精通对方的语言,能流利地与之用其本族语对话,比不太懂外语或要借助他人翻译的交际,效果通常会更好。Gudi Kunster 曾说:我们侧耳倾听,推测被叙述的事情,然后应用社会背景知识,联想与之相关、可能发生的情况,之后做出对方到底是表达什么意图以及表示何种态度的判断。在这一过程中,语言、文化知识的作用无疑举足轻重。②交际双方要理解到位并相互尊重其理解水平能力。与不同文化的人打交道，也许你并不了解对方文化的价值观、思维模式、风俗习惯或是简单的好恶，但只要多站在对方的立场和角度，揣摩对方的意思就会容易得多，也能避免民族中心主义的倾向。总之，有效的交际不是通常意义上达到目的的交际或达成一致的沟通，即使是一方拒绝了另一方的要求，但双方对对方的意图清楚无误，交际就是有效的。而要完成相对高效率的交际行为，必须能够基于跨文化能力培养而对其交际行为进行引导与规范。

（二）跨文化交际能力

跨文化交际能力所指为进行成功的跨文化交际所需要的能力，即与不同文化背景的人们进行有效的、适宜的交际的能力。跨文化交际能力是跨文化交际领域中的一个重要研究课题。人们要了解跨文化交际能力的内涵必须注意两个重要概念：一是交际的有效性，二是交际的适宜性。前者指人们通过交际行为达到预期目的的能力，后者指人们在特定的社会环境或场合使用最合适的交际行为的能力。

跨文化交际能力往往有三方面基础性的因素，即情感因素、认知因素、行为因素。

（1）情感因素：跨文化交际过程中人们的情绪或态度。例如，具有跨文化交际能力的人们在进行跨文化交际活动之前、进行的过程中和交际活动结束之后都能够表现出积极的情绪。他们承认文化差异的存在，尊重不同文化之间的差异，具有较高的跨文化敏感度。同时，他们对自己持有理性客观的认识，能够克服交际时的紧张情绪，愿意开诚布公地表达自己，愿意做个忠实的听众、聆听对方的意见。

（2）认知因素：跨文化意识，即人们在对本国文化和外国文化的理解的基础上形成的对周围世界认知上的变化。

（3）行为因素：人们进行有效的、适宜的跨文化交际行为的各种能力和技能，比如获取语言信息和运用语言信息的能力，如何开始交谈、在交谈中如何进行话语转换以及如何结束交谈的技能，移情的能力，等等。布莱恩斯及比茨伯格对交际能力的特点和构成进行了说明：交际能力体现于个体在特定场合中得体、有效的交际行为中。

如果在跨文化交际过程中，语境存在明显差异，且共同文化基础等缺少共同点，交际难度会持续提升。而从影响因素看，有效交际必须淡化语言差异、文化差异、世界观、价值观等。跨文化交际能力由知识、动机、技巧三个因素构成，三者相互影响、相互依存。跨文化交际能力需要足够的跨文化知识、积极的动机和有效的交际技巧，三个因素应同时具备，任何一个因素都不能单独构成跨文化交际能力。

Cramsey 研究提出，跨文化交际，必须基于某种特定社会环境，能够灵活选用准确、恰当的形式，而不只是根据某一个社会群体的学术规范和社交礼节去说和写。具体说来，一个跨文化的人应该能够做到以下几点：

（1）精准辨别出两个群体关系中的冲突区域；

（2）深度解释冲突的行为和信念；

（3）积极解决冲突或对不能解决的冲突进行协商；

（4）科学评价一个解释系统的质量，并根据一个具有某个具体文化背景的说话人的信息，建构一个有效的解释系统。

（三）跨文化交际的影响因素

Brian Bietzberg 和 Cramsey 研究跨文化交际能力后指出，其定义为通过系统的外语和文化教学培养出来的理想化的跨文化交际者所具备的能力。然而，在经济和文化迅速全球化的今天，国际交往变得非常频繁和平常，跨文化交际不可避免，我们在短时间内还来不及培养出足够数量的跨文化交际人才。不少学者在现实生活中对外语学习者进行了观察以后发现，在跨文化语境中能与外国人进行无障碍交流的人甚少，绝大部分人的交际有效性和适宜性受到多种文化因素的影响。

1. 语言层面局限

差异国文化人群中的交际，其往往第一遭遇语言文化障碍，尤其是双方不具有共同的语言的时候，语言中的文化障碍就变得非常明显。即便是交际双方都具有共同的语言，双方文化不同，语言障碍仍然会在各个层面产生，这是因为词汇、发音、语义概念以及与语言相关的文化问题等多重因素的缘故。以英、汉语差异为例。具体表现为：一是颜色词的差异层面。汉语的"红茶"在英语中是 Black Tea 而不是 Red Tea；英语的 Brown Bread 在汉语中是黑面包而不是棕色面包；英语的 Brown Sugar 在汉语中是红糖而不是棕色糖。二是文化内涵差异方面。狗在汉英两个民族文化传统中有截然不同的观念。中国人把狗视为卑贱之物，汉语以狗为喻体的词语几乎都是贬义，像狗急跳墙、狗头军师、狗仗人势、狗眼看人等；英美民族视狗为忠诚伴侣，爱狗如子，有"You are a lucky dog""Love the man, love his dog"等说法。三是概念不对等。一种文化里有的概念，在另一种文化里没有。另外，有时某个概念移植到其他文化的语言中去的时候，往往用一个词表达不出来，而需要很长的说明或解释。食物可以反映出饮食文化，但食品的名称不好翻译。汉语的油条、饺子、麻婆豆腐等食物在英美饮食文化中没有对等食物，英语中也就没有对应名称，所以与英美人士谈论这些食物只好音译。英美人士喜欢吃的"沙拉""甜点""三明治""汉堡包"不在中国食谱中，所以中国人也只好将这些食物按英语称作沙拉、布丁、三明治、汉堡包。

2. 思维方式差异

不同民族在思维层面产生了不同的习惯，其往往依托于差异化的文化环境。文化环境的主要因素有生产方式、历史传统、哲学思想和语言文字等。其中，语言是感知和认识世界的重要手段，同时对语言的理解和掌握也是感知的重要部分。可以说,语言能够折射出思维特点,而语言习得可以对人的思维习惯产生较大干扰。心理语言学家认为,人类认知结构都是相同的,但由于各民族生存的文化环境不同,使用的语言不同,其思维方式是有差异的。

许多语言哲学家们都提出,语言能够对群体世界观和精神活动产生诸多影响。认为语言的确影响使用者的思维过程的理论被称为语言相对论。有些学者提出,不同的人有不同的语言,是因为他们有不同的思维方式,他们有不同的思维方式,是因为他们的语言为之提供了不同的表达方式。萨丕尔—沃尔夫假说认为,一个人习惯使用的语言结构会影响他的思维方式;不同的语言会导致不同的行为是因为语言渗透在人们感知和对经验归类的过程中。沃尔夫假说的强式认为,语言决定思维方式,这的确不太现实。但是,人们发现表面上相同的概念,因为文化背景的不同而可能产生不同的联想意义。故而其弱式当今被普遍接受。"萨丕尔—沃尔夫"假说的弱式让我们认识到,语言是能够呈现独立特点的代码,其是文化的象征,并能在思维上产生对人类的引导与干预。所以很多时候,语言所蕴含的意义,必须在特定文化背景下才能深度反映。

从语言文字的溯源谈起,中国人形象思维的最大体现是远古象形文字。汉字以形写意,形声一体,是平面文字。汉字很多字和字符的认知由图像识别开始,以图像的感知为基础,之后发展到汉字字意的认知阶段。而像英语这样的音素文字,其符号与意义没有直接联系,它通过声音间接地表达意义。从语言的表达习惯看,汉语是缺少严格意义上的形态变化的无标记语言。汉语的词意意蕴丰富,有时句法会给丰富的语义关系让步,主观性强。汉语不注重形式,句法结构不必完备,动词的作用没有英语动词那么突出,重意合轻分析。对汉语句子的理解一般要靠语言环境、说话人的心态以及文化背景等方面因素的整体把握和约定俗成，是人治。而英语形态较丰富，客观性强，这就使其语言有扎实的形式逻辑基础。英语高度形式化、逻辑化，句法结构严谨完备，重分析轻意合。英语的句子以动词为核心，其主干旁支结构分明，主从成分层次明晰，全句形式严谨，逻辑关系明显。中国人在习得汉语的过程中，受汉字符号特性的影响，形成了突出的形象思维习惯。而在英语习得过程中，英美人士受到了英语文字符号特性的影响，并在逻辑思维上体现出更大的习惯优势。

3. 交际风格差异

交际风格，是基于文化俗成的交际交往习惯。从当前中外研究者的相关理解论述中，我们可以看到中英交际风格差异可概括为：直接与间接差异；线性与圆式差异；自信与谦卑差异；沉默寡言与侃侃而谈差异；详尽与简洁差异；人和任务为中心与关系和地位为中心差异。一般来说，英国人在交际时倾向于直截了当，开门见山，一步一步，直奔主题；而中国人则习惯拐弯抹角，声东击西，兜圈子。中国人相信沉默是金，少说多听，言多必失，谈话时往往表现得非常谦卑，在谈到主题时经常是点到为止，简洁扼要；而英国人则崇尚自信，相信只有通过言语，进行详尽严密的交谈，才能达到交流和解决问题的目的。英国人喜欢就事论事，不太注重社会文化因素和人际关系对交谈主题的影响；中国人则对交谈双方的地位关系非常敏感，所谓见什么人，说什么话，因此在中国文化中，人际交流的主要目的之一是建立和促进两人之间的关系，交谈的内容也尽可能以有利于建立和谐的关系为原则。中英两种文化的交际风格差距很大，如果两国人民互不了解对方交际风格，交往过程中免不了文化冲突。英国人会觉得中国人不真诚，办事缺乏效率。中国人会觉得英国人自负、无礼。倘若交际双方事先对文化风格差异相对理解，就能够在交际时有意识地调整自己，进而产生较理想的交际效应。

4. 价值观差异

价值观泛指在区域社会文化环境中，基于信仰、世界观、行为准则、认知模式、道德标准、处世态度等构成的一套系统，即价值观念系统。其向人们昭示社会行为的性质，告诉人们什么行为是社会所期待的，什么行为是社会所唾弃的；应该爱什么，恨什么；什么是美的，什么是丑的；什么是好的，什么是坏的；什么是正常的，什么是荒谬的；什么是正义的，什么是非正义的。这套价值观念，看不见摸不着，也感觉不到；但它却无处不在，对人类的活动起着规定性的，或指令性的作用。Kruber 和 Kluckhohn 提出的内隐文化，其核心是价值观。价值观是我们自身文化的一部分，是从小习得的结果，可以说我们的交际行为的深层处存在有价值体系。价值观是文化的重要构成要素，与交际有着密切的关系，我们能够通过言语行为和非言语行为发现价值观。例如，日本人说话委婉，他们不愿意直截了当地说出自己的观点和主张，这反映出他们的人际关系中讲究和的价值取向；中国人对别人的当面称赞往往用否定的言辞加以拒绝，这体现出我们传统的谦虚美德。将自身文化和异国文化的价值观进行比较研究，成为了跨文化交际理论层面较为核心的研究课题。从相关性来看，跨文化交际关系较为密切的价值观念有如下几个层面：

（1）人与自然的关系，是天人合一还是天人相分；

（2）人际关系，是群体取向还是个人主义取向；人对变化的态度，是求变还是求稳；

（3）动与静，是求动还是求静；

（4）做人与做事；

（5）人之天性观，是性本善取向还是性本恶取向；

（6）时间取向。

从古至今，中国语言文化已经成为东方文化语境的象征，其对待自然的态度是天人合一，而在以英美为代表的西方文化语境中，人们则采取天人相分的态度。由于受天人合一宇宙观的影响，中国人在各方面都讲究顺其自然，顾全大局。自古以来西方哲学家一直是把宇宙分为两个截然不同的世界，天人相分，二者对立。这种宇宙观导致了西方人想要征服自然，改造自我而得到神力，达到神人合一。

东方文化所决定下的人际关系特征为群体性。自古千百年来"先天下之忧而忧，后天下之乐而乐"的思想已在中国人头脑中根深蒂固。小我必须服从大我，个人利益必须服从集体利益，即个人应该以家庭、社会和国家利益为重。按照儒家礼教来判断，个人主义属于无父无君无友的忤逆。群体取向导致的积极结果是人际互相合作，集体主义和爱国主义盛行；而消极后果是人们缺乏竞争意识和进取精神，且将拉关系当作处世哲学。在西方文化中，人际关系表现为个人主义取向。以美国为代表的西方人崇尚个人主义。个人主义包括个人奋斗，独立自主，保护隐私，追求自由与差异。人们自幼开始接受个人主义的教育。每一个人都知道上帝帮助自助者的寓意。每个人都会认为，不同身份地位的人依赖于别人而生存，是一种不成熟、不自然、不荣耀的事。

在西方欧美国家文化中，人们更加关注于世界的不断变化，变化几乎是发展、进步、创新、成长的同义词。在美国人心目中，变化体现出不断打破常规、不断创新的精神，而且是永无停顿的变化，永无停顿的创新，人们永远不满足于他们所得到的成就。但美国人追求的变化还体现在家庭破裂和婚姻解体等方面。在中国文化体系中，儒家思想中"万物不变、万变不离其宗、安分守己、安居乐业"都成为人们看待人与社会、自然关系的固定认知。

从中国历史发展来看，无论是哪个王朝，或分裂或统一，都成为社会发展所必然面对的历史形态。中国人习惯于家庭、社会、国家的稳定，把安分守己和安居乐业当作人生的幸福。故而，几千年来，中华民族就是在稳定中发展和进步的。

因此，我国著名思想家李大钊也曾将东方文明定义为"静"的文明，这是千年东方文化积淀的代表性认识。东方文化起源于儒道释。儒家关心人的主体，偏重柔，主张明心见性，求内省及人格完善，以达到德的境界——所谓德者得也。贾玉新"无为而有为"的道家思想影响着人们的为人处世，导致中国人好静不好动的处世之道。中国人认为"动"则意味着矛盾、冲突，静则意味着和谐。这就是为什么自古以来中国人讲究做人，而不尚做事的缘故。而在欧美西方文化中，人们追求的目标，像征服自然，个性解放，个人奋斗，有所成就等，都是以求变、求动作为精神动力，所以做事就自然成了西方人的文化取向。西方文化举动和做事的价值取向导致了其外向、进取和冒险精神；东方文化尚静、无为和做人价值取向导致了中国人内向、宽容和保守的思想。

我国儒学先贤孔子曾云，"人之初，性本善。性相近，习相远"。它影响了中国文化两千多年。中国文化中的基本人性论是性善为本。这种人性论直接影响人们的处世之道。由于儒家文化强调善性出发，从而导致了人们安分守己和仁者静的尚静文化取向。与中国传统人性论恰恰相反，西方的人性论是人之初性本恶。它源于基督教原罪说。为改变原罪，人们不断忏悔，改造自己，努力超越现实，以求达到彼岸。这导致了西方文化中人们求动、求变的价值取向。

东西方文化在种种方面都体现出迥然不同的时间空域上的关切与认知。以中、美两国时间取向不同为例。中国是一个传统导向的社会，人们崇拜祖宗，尊敬老者，重视经验，怀念过去。传统影响着中国人的行为和思维方式，让人们做任何事情都要考虑过去的经验教训，从而导致了中国人的过去取向。而美国人的时间取向与中国人正好相反。他们从不留念过去，但更期待未来；很少崇拜祖先，但非常欣赏己辈；轻视传统经验，但重视改革创新。未来取向是美国人典型的价值观。在时间的使用方面，中国人和美国人也显示出极大的差异性。中国人生活和工作节奏较慢，可随意支配时间，戏称为时间的消耗者。而美国人生活和工作节奏较快，时间安排非常精确，往往更能成为时间的掌控者。

5. 民族中心主义

民族中心主义，其理论理念的源起为认知心理学。它是指人们在交往过程中不知不觉地用自己的文化标准来判断他人的言行，认为那些不同于自己文化习俗的行为都是不好的。与之相反的概念是民族相对论。民族相对论思想是指对不同的价值观念、文化习俗和言语行为表示理解和宽容，并能够根据不同的交际对象和场合，调整自己的行为和判断标准。具有民族相对论思想的人相信文化之间只有相同和不同之说，无优劣之分，人们不能对不同文化进行好坏优劣的评判。Riviin 和 Cambel 认为民族中心主义思想是人的本质。心理学研究显示，人人都有民族中心主义的倾向，其影响具有两面性：一方面，它在一定程度上能促进民族团结和社会进步；另一方面，它又构成跨文化交际的一大障碍，因为它将一个文化群体的人们聚集到一起，而排斥另一个文化群体的人们，这种状况很不利于文化交流。另外，民族中心主义崇尚自己的价值观和信仰，蔑视其他价值观和信仰。民族中心主义会导致不信任、冲突甚至敌意，从而影响跨文化交际的顺利进行。故而，跨文化英语教学往往更能聚焦民族中心主义思想的辩证价值，进而研究形成民族相对论思想。

6. 定型观念

所谓定型观念，是指人们对一类事物或一个社会群体所持有的简单化的看法。这一术语是由美国新闻评论家 Walter Lippman 首先使用的。随后，不少学者从不同角度对定型观念进行了解释和定义。根据对象不同，定型观念可以分为自定型和他定型两种，一般情况下，人们所谈论的定型观念指的都是他定型。在跨文化交际研究中文化定型的概念是指一个文化群体对另一个文化群体成员的简单化看法。例如，从全世界范围来看，英国人和中国人被认为是保守派，法国人是浪漫派，德国人则是刻板派代表，等等。起初 Walter Lippman 将定型观念视作一种消极的概念。但后来的学者们则将其当作一个中性概念使用。他们认为，定型观念或成见是人类在社会化的过程中、在应付复杂的外部世界时不得不采用的一种基本的策略。由于人们所处的社会环境过于复杂，无法对每一个人进行了解，无法对每件事进行体验，所以他们只好将具有相同特征的一群人进行归类，塑造出原型，从而大大简化了认知过程。但定型观念确实也产生过一些弊端倾向。

（1）过分简单化：由于定型观念的过分概括，色彩缤纷的世界往往概括得只剩了黑、白两色。

（2）夸大群体差异、忽略个体差异：定型观念容易使人以群体的特征取代对个体的具体观察、分析和判断，从而出现千人一面的局面。

（3）具有顽固性：定型观念一旦形成了就很难转变。在跨文化交际中可能助长民族中心主义。

从这点视角来看，定型观念既是一把开启智慧大门的钥匙，又是一副束缚思想的枷锁。这就要求我们建立定型，进而向定型挑战，打破定型。在文化学习过程中，定型的建立与打破非常重要。关于某种文化的了解与学习可分为入门阶段和深入阶段。在对某种文化一无所知时，应大胆地建立文化定型，这是一种较快地了解文化差异的办法。这时，学习者会有一种把握了世界全貌的满足感，但这种感觉是很不真实的。当对某种文化了解得越来越多时，头脑中原本明朗的印象又会变得模糊起来，本来非黑即白的视野中会出现层次丰富的一系列色彩，学习者会有恍然大悟之感，原来自己所了解的仅仅是冰山的一角而已。在某种文化学习的入门阶段，定型观念的建立显得极为重要，在深入阶段，定型的打破尤为重要。高一虹认为，文化定型一方面起着沟通文化差异的桥梁的作用，另一方面在差异化文化交际过程中形成一定的沟通壁垒，制约文化的互融共通。

7. 个人主义与集体主义差异

"两大主义"从内涵来看是相对的两种价值观念和道德原则，孰优孰劣，往往是中外学者争论较多的一个复杂性问题。其实，个人主义和集体主义价值观都是对社会实践和社会存在的反映。在跨文化交际中，倘若缺乏对个人主义和集体主义价值取向的了解，就会产生交际失误。

法国的政治评论家 Alexisde Tocqueville 是个人主义一词的创造者。在其所著《美国的民主》一书中，Tocqueville 指出，个人主义这种适应资本主义发展的价值观和伦理观，强调个人的目的性、民主性和自由性。那么到底什么是个人主义呢？《韦氏英语大辞典》对个人主义的定义是：个人利益决定个人行为的精神信念。《大不列颠百科全书》的定义是：一种政治和社会哲学，高度重视个人自由，广泛强调自我控制、自我支配、不受外来约束。《现代汉语词典》的定义是：一切从个人出发，把个人利益放在集体利益之上，只顾自己，不顾别人的错误思想。个人主义是生产资料私有制的产物，是资产阶级世界观的核心。它的表现形式是多方面的，如英雄主义、自由主义、本位主义等。

个人主义价值观更加强调个体的力量和个人英雄主义，不依靠他人或集体而存在，个人的权利神圣不可侵犯。个性的存在应得到承认和强调，应充分发挥个人的潜能，发展个人的爱好和志趣。美国人从孩提时代起就受到鼓励，凡事自己拿主意，拥有自己的见解，解决自己的问题，开拓自己的独创性。一方面，个人主义弘扬了人性，对人性始终持尊重态度，促进了自由平等观念的发展，提高自尊、自爱、自信；另一方面，极端的个人主义也会导致自私自利，唯我独尊和无政府主义。

相形之下，集体主义与个人主义产生极大不同，其是指一切从集体出发，把集体利益放在个人利益之上的思想。个人意志服从团体的总的意志，个人利益服从民族最高利益，个人行为服从国家法律和社会道德规范，是集体主义的最高境界。在当今中国社会，中国人一直把热爱国家，服从集体，互相帮助、和谐共处作为美德。人们把集体主义看成是社会主义、共产主义的基本精神。集体主义价值观念具有自己的文化渊源和历史演变过程。自汉代以来儒家传统伦理观一直在思想意识中占统治地位，它的一整套伦理规范已渗透到百姓们的日常习俗中，使得以中国为代表的东方价值观念中更加认同集体主义价值观念，并得以长久传承。

8. 强语境与弱语境差异

两种语境实则是语言文化产生语境表征的两种极端表现。其最初提出者是美国人类学家霍尔（Edward Hall）。霍尔认为，不同文化中交际对其环境的依赖程度不同，有强、弱语境之分：在强语境文化中，交际过程中的信息大多蕴含在交际的情景中，言语负载较少的信息量；在弱语境文化中，交际过程中的信息多由言语负载，只有少量的信息蕴含在隐性的环境中。例如，两个好朋友在交际时常常使用简洁的话语，因为彼此能理解最微小的手势、表情和眼神；而如果两个不同国家的人用英语跨文化交流时，每一句话都必须非常准确、非常清晰。前一种情景属强语境交流，后一种情景属弱语境交流。强语境文化与弱语境文化的冲突是影响跨文化交际的重要因素。霍尔指出，任何文化都兼有强语境和弱语境的某些特征，但是大多数文化还是有着明显的倾向性的，其通过研究对世界典型国家公民的文化倾向进行了分析，如图1-1所示。

强语境文化 ⟶ 弱语境文化

日本→中国→朝鲜→非裔美国人→印第安人→阿拉伯人→希腊人→意大利人→英国人→法国人→美国人→斯堪的纳维亚人→德国人→德裔瑞士人

图1-1 世界部分国家强语境向弱语境排列的文化倾向

我们可以看到,中国属于强语境文化区,美国属于弱语境文化区。在中国,由于集体主义属于主流价值取向,人际关系和谐,人们相互依存度高,共享各种信息。在交际过程中人们想表达的信息大多蕴含在交际的情景中,言语负载的信息量相应减少。因此,中国人内部交际比较含蓄,有时只需意会,无须言传。除言语外,手势、眼神、体距和沉默都能帮助传递信息,以实现有效交际。构成交际语境必然受到时间、地点、年龄、性别、社会地位和社会关系等的信息影响。

相形之下,美国人往往更加崇尚个人主义,并将其作为主流价值取向,每个人都想保持自己的个性和独立,人与人之间的联系比较松散,人们居住比较分散,共知的信息相应很少。在交际过程中言语是传达信息的主要途径,而语境承载的信息量很少。所以,良好的表达能力是日常生活的需要,出色的演讲和辩论能力是政治生活的需要。美国人只接受语言传递的信息,只信任善于演讲的总统。因此,每届美国总统大选过程中,人们总是将目光投向更令人觉得有趣的总统候选人的演讲和辩论。

事实上,强语境文化与弱语境文化经常会产生一定的冲突。强语境文化的人们往往对弱语境文化人们的喋喋不休感到厌烦;而弱语境文化人们则对强语境文化人们言谈中常有的含蓄感到不知所云。强语境文化中的人们很重视彼此之间的承诺,所谓君子一言,驷马难追,反映出关系社会中人们之间的依赖。而弱语境文化中的人们之间则很少做出承诺,对友谊层面的付出也远远低于高语境文化中的人们。

从时间观念上看，时间观念上也存在着文化的差异。强语境文化中的人们具有高度灵活的时间观念。例如，一个中国人开会迟到10分钟很少有人会责备他，因为先到者总会想到一个理由为迟到者开脱。而在美国如此弱语境文化中，迟到者必须向会议主持人或先到者做出道歉，并能够说明造成这种后果的原因。

四、跨文化交际能力框架构建

跨文化交际能力的培养是否规范科学，在大学英语教学中建构能力框架是极其重要的。要从跨文化交际能力构成因素来分析其能力培养的重心与关键所在。笔者将在分析跨文化交际的原则、特点和变化的基础上，借鉴已有跨文化交际能力框架，进行跨文化交际能力框架的构建。下面从三个方面对研究者构建的跨文化交际能力框架做详细阐述：跨文化交际能力的具体构成、各构成要素之间的关系。

（一）跨文化交际能力的具体构成

研究者构建的跨文化交际能力框架由知识、能力、态度、素养四部分构成。图1-2展示了研究者构建的跨文化交际能力框架的整体架构，分级呈现了跨文化交际能力的具体构成要素，是对跨文化交际能力构成的直观解读。其中的知识部分包括文化知识、语言知识、社会知识和专业知识；能力部分包括交际能力、社会能力、学习能力和专业能力；态度部分包括交际态度和个人态度；素养部分是指与跨文化交际密切相关的个人素质、素养。此能力框架强调跨文化交际能力构成的全面性和整体性；指出专业知识、专业能力是跨文化交际能力的组成部分；指出素养是跨文化交际能力的构成部分，强调素养的重要性；强调能力部分中的学习能力的重要性；强调非语言交际能力的重要性。

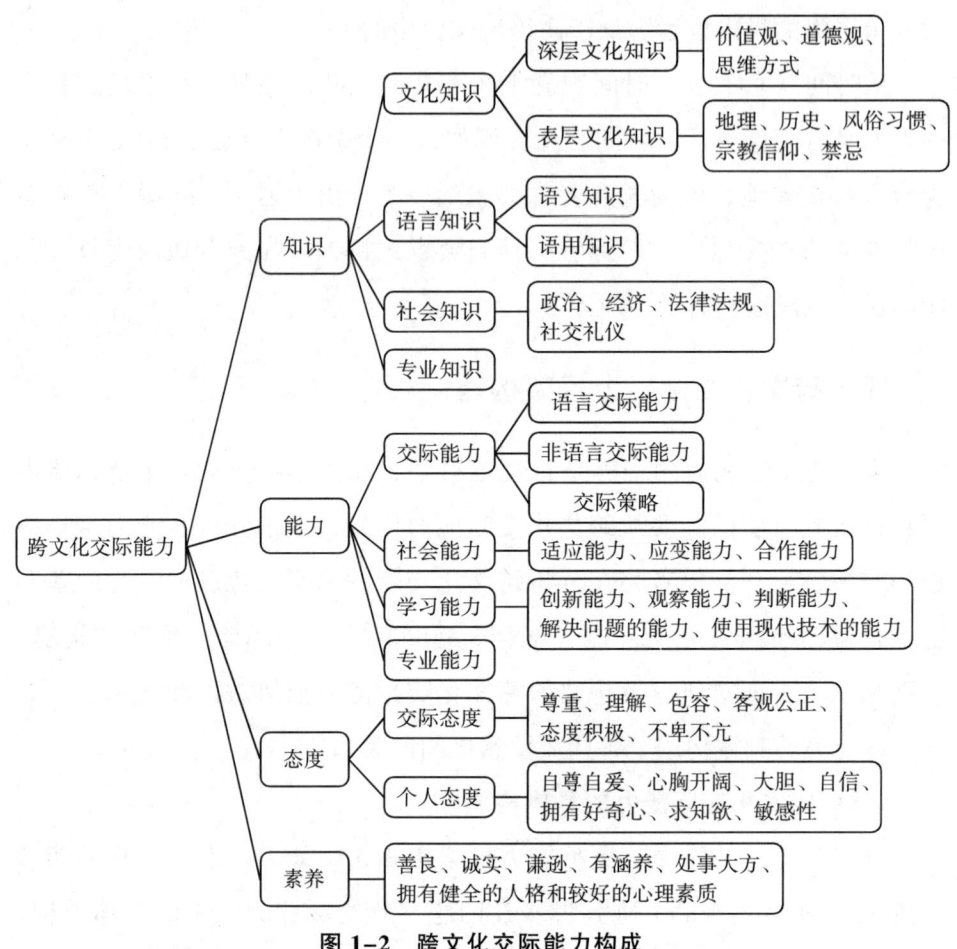

图 1-2　跨文化交际能力构成

1. 知识部分

跨文化交际教育框架必须符合当前语言教育的基本特征。从需求角度看，跨文化交际能力的知识部分具有综合性特征，包括文化知识、语言知识、社会知识和专业知识，具体构成如图 1-3 所示。其中的文化知识和语言知识是和跨文化交际联系最为密切的部分。

第一，文化知识。Scarino（2009）认为，为进行跨文化交际，语言学习者不仅要学习自己国家的语言和文化，还要学习他们所学外语及这种

第一章 跨文化大学英语教学的理论基础

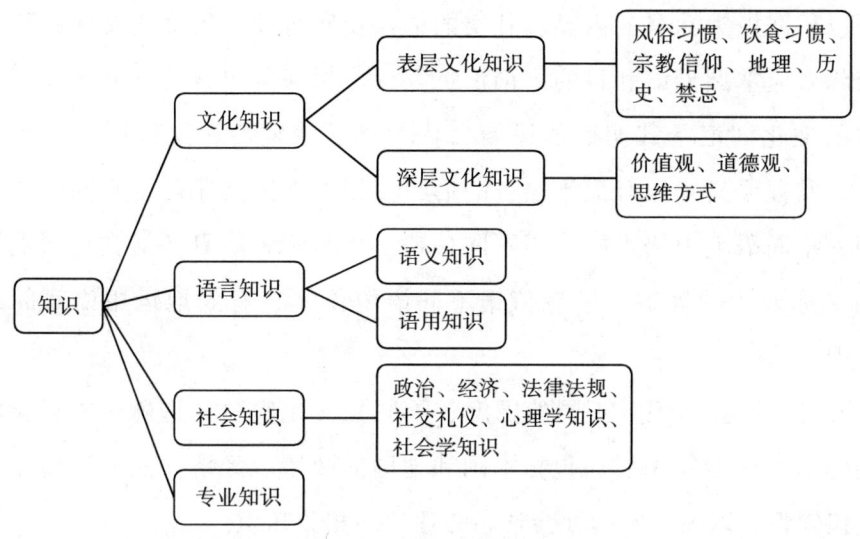

图 1-3 知识部分构成图

语言相关的文化。Piatkowska（2011）曾提出，文化知识层面包括显性的表层文化和隐性的深层文化。跨文化交际者的文化知识部分不仅包括风俗习惯、饮食习惯、宗教信仰、地理知识、历史知识和禁忌等表层、显性的文化，也包括价值观、思维方式等深层文化知识。跨文化意识的第一个层次是注意到一些表面的文化特征；价值观是文化的核心，对价值观的了解能使交际者真正理解文化的本质/内涵。Lee（2012）认为，成功的跨文化交际者，不仅要熟悉本国的文化和目的语国家文化，还应了解世界文化。以英语为例，全球化背景下，交际对象可能来自任何其他文化背景的国家，成功进行交际，不仅需要了解英国或美国文化，还应了解其他国家文化。对本国和他国家文化的共同了解有助于交际者国际视野的形成，知己知彼，有助于交际者发现不同文化间理解交流的契合点。对本族文化熟悉的前提下才能做到准确传播信息；对他族文化了解的基础上才能高质量接收对方所传递信息。

第二，语言知识。语言是跨文化交际的基础工具，其在文化表征层面可以积淀极为深厚的内涵。扎实的语言功底有助于跨文化交际，跨文化交际者应掌握母语和目的语词汇、发音、拼写等语言特征和规律；词汇中的文化词汇承载明确的民族文化信息、隐藏着深层的民族文化的含义，掌握语义知识有助于语言的恰当使用。不同文化产生不同的语用规则、不同语境中语言的使用不同，跨文化交际者应具备对文化影响语言和交际方式的理解，掌握依据不同语境得体、有效地运用语言的语用知识。

第三，社会知识。不同的国度、不同的文化底蕴，造就了差异化的社会知识。社会知识层面包括本国和他国的政治、经济、法律法规、社交礼仪知识，以及一定的社会学、心理学的相关知识。

第四，专业知识。专业角度跨文化交际是非大众化的交际，其更多倾向于商务或专业交往。由于从事跨文化交际的人士工作内容上的差别，相应的专业知识有助于丰富跨文化交际的内容、增进沟通的深度。比如，高校外事人员对外事礼仪、合作办学政策与流程的了解，有助于他们和国外高校合作事宜洽谈的顺利进行；进出口贸易人士对市场、产品等业务知识的了解，有利于和外商间的商务会谈。康淑敏（2010）认为，专业素养是跨文化交际素养的构成部分，是交际的实质内容及意义所在。

2. 能力部分

跨文化英语教育的价值体现主要在于能力的全面深度培养。跨文化交际的能力部分包括交际能力、社会能力、学习能力和专业能力。具体构成如图1-4所示。

第一，交际能力。跨文化的交际需要技巧，更需要语言文化的深度了解。交际能力层面不仅包括语言交际能力，还包括非语言交际能力和交际策略。交际者应根据交际对象文化背景的不同、交际语境的不同，采用合适的交际技巧和策略，使用适当的语言和非语言交际行为，实现

第一章　跨文化大学英语教学的理论基础

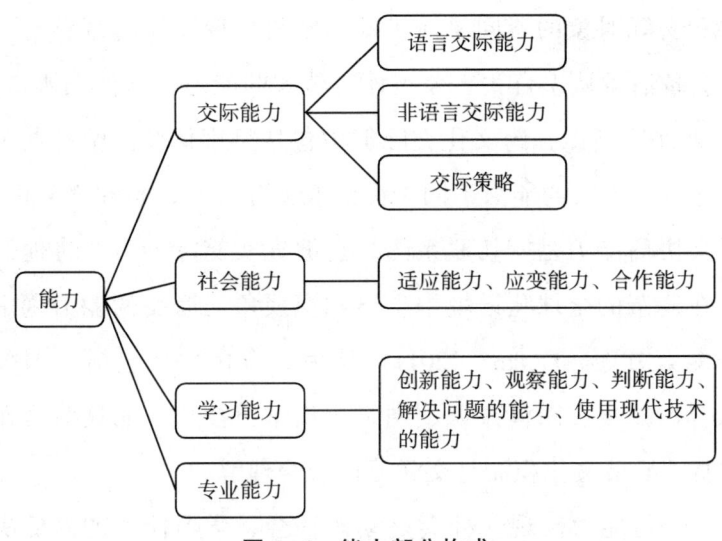

图 1-4　能力部分构成

沟通得体、有效。语言交际能力是跨文化交际的基础，运用母语及外语顺畅进行口头语言交际和书面语言交际是跨文化交际成功的保障。非言语行为在交际中的作用举足轻重，跨文化交际者在交际过程中应得体地运用身体动作、姿势、手势、面部表情、目光接触、触摸，熟悉会话距离、对沉默的使用，应了解目的语国家的时间观念和对空间的使用，从而适当地重复、补充、修正、替代、调节语言交际行为。在跨文化交际过程中还应具备发现话题、引导谈话主线、控制谈话气氛和节奏等交际技巧和策略。在这些策略之下，跨文化交际将会在不断熟练中变成理解与交际习惯。Kramsch 认为，学习一门外语不仅需要学习语言还要学习元语言技能，比如交互过程中的思考能力、处理和控制语境的能力、从一个局外人的角度审视自己的能力。一个人跨文化交际能力培养，往往更需要自我对照与优化。

第二，社会能力。跨文化交际发生的主要界域是社会范围。在社会能力层面，交际者应具备快速进入状态、适应新环境的能力；能够根据交际需要和交际对象的不同灵活机动、随机应变、及时调整自己的言语和行为；具备清醒认识自我、公正评价他人的能力，与他人协作的能力。Kramsch（2006）指出，跨文化交际能力包括呈现体验、情感共鸣和道德想象，这些象征形式的能力不同于词汇或交际策略，是和交际中的表达、解释、意义协商能力是密切联系的，能够充实交际能力并将他们嵌入到那些能够在复杂的全球化语境中生产和交换象征商品的能力之中。在与他人协作能力方面，Gojkov（2011）认为，合作技巧包括：国际合作意愿、团队合作技巧、团体意识、网络合作学习技巧。而这些合作技巧往往基于丰富的异域文化积淀与交际习惯行为理解。

　　第三，学习能力。现代社会是动态社会，学习能力的高低决定了在社会中的可持续适应程度。Scarino（2009）认为，跨文化交际涉及应对差异、体验新事物和挑战对世界的解读方式。在学习能力层面，交际者应善于观察和比较文化现象；具备学习新知识的能力、在真实交际语境中使用知识的能力；具备判断能力，应善于发现问题、分析问题和解决问题；具有创新能力、合理利用策略的能力、运用信息技术的能力；还应具有自主学习能力，Gojkov（2011）认为，跨文化交际者应具备指导自我学习过程、评价/评估能力和终身学习的态度，能够自我观察、自我反思、自我决定以实现自我变化。从这个意义看，提升学习能力更加倾向于具备适应文化习惯、思维习惯及交际习惯的素养培养。

　　第四，专业能力。跨文化交际的价值更多在于日常交际之外的专业领域。跨文化交际除在宽泛范围内展开，有些是在一定专业领域进行，交际者还应具备自己专业领域的相关技能，比如，从事国际交流与合作的人士应具备一定的外事能力，从事对外汉语教学的人士应具备一定的教学能力。这种教学能力会提升跨文化交际能力的培养质量。

第一章 跨文化大学英语教学的理论基础

3. 态度部分

跨文化交际能力的态度部分分为两个层面：交际态度和个人态度。如图 1-5 所示。

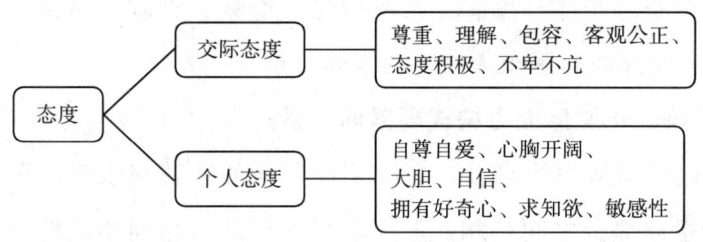

图 1-5 态度部分构成

这里的"态度"结构所指为跨文化交际中表现出的情绪、情感和状态。具体而言，在跨文化交际中应持积极的态度、开放的心态，不卑不亢，真诚、友好，对他族文化宽容、理解、尊重，能够站在交际对方的角度设身处地考虑问题，做到客观公正。同时还能培养跨文化交际者良好的性格特征。Hanvey 认为，跨文化意识可以设身处地为对方着想，真正理解对方的所作所为。个人态度指在个人层面上，交际者应大胆、自信、心胸开阔，幽默、风趣，具有民族自豪感，自尊、自爱，对新事物和他族文化拥有好奇心、兴趣和求知欲，对文化差异有高度敏感性。在与其他文化群体接触和交流的过程中，对文化差异的敏感性、适应性及包容性有利于实现不同文化间的互看、互识、互补、互利，在接近和理解他族文化的同时，充分发出属于自己文化的声音，有利于不同文化间的沟通。同时跨文化交际的文化理解与主动主张，还有利于文化的互融互通。

4. 素养部分

交际者的素养是提升跨文化交际实现某种成效的核心支撑。跨文化交际能力的素养部分指交际者个人的品质、修养。善良、有同情心、真诚，诚实、谦逊，有涵养，为人处世大方、得体，拥有健全的人格和较好的心理素质，这些素养都间接助推跨文化交际的成功。正如 Kramsch（2006）所说，语言学习者不仅是交际者和问题解决者，而是一个完整的人，拥有内心、身体和思想，具有记忆、幻觉、忠诚、身份，同时这些也是跨文化交际对交际个人主体的素养要求。

（二）跨文化交际能力构成要素间关系

跨文化交际从内构来看，存在不同层面的理解与表现。跨文化交际能力各个组成部分之间是相互关联、相互渗透、相辅相成的。跨文化交际的知识部分是能力部分和个人素养提升的依托，能力部分的发展有利于知识的获取，个人素养影响交际态度，知识、能力、态度、素养同时作用方能实现成功的跨文化交际。

从理论与实践双重审视的角度来看，研究者构建的跨文化交际能力框架具有以下五个关键特点：

（1）"四个层面"。Kramsch 经过研究，提出跨文化交际能力包括知识、能力、态度和素养四个层面，强调跨文化交际能力构成的全面性和整体性。跨文化交际能力是一种组成复杂的综合能力、综合素质。具体构成要素部分呈显性、直接作用于跨文化交际；部分属隐性、间接作用于跨文化交际。各个构成要素对于跨文化交际的作用不尽相同，各要素之间是密切联系、相互渗透、共同作用的。

（2）"两个专业"。康淑敏指出专业知识、专业能力是跨文化交际能力的组成部分。跨文化交际除在宽泛范围内展开，相当一部分是在一定的专业领域进行，交流的内容不仅局限于文化范畴，还涉及政治、经济和其他专业领域。交际者应具备自己专业领域的相关知识和技能。相应的专业知识有助丰富跨文化交际的内容、增进沟通的深度；专业素养是跨文化交际素养的构成部分，是交际的实质内容及意义所在。

第一章 跨文化大学英语教学的理论基础

（3）"素养核心说"。Hanvey 指出素养是跨文化交际能力的核心构成部分，强调素养的重要性。交际者良好的个人品质、修养有助于跨文化交际的成功。

（4）强调学习能力的重要性。成功进行跨文化交际需要学习者经常性地学习。Hill 认为，成功的跨文化交际者能够消化和有效利用大量的信息，具备对文化持续的敏感性，能够勤奋、经常性地学习。同时，Hill 经过专项性的跟踪调研，指出：有效进行跨文化交际是项艰巨的任务，需要经常性地学习、消化和有效利用大量的信息；成功进行跨文化交际需要学习者在学习另一种文化时持续的敏感性和勤奋；长远的成功必定比即时技术的满足需要付诸更多。交际者应具备自主学习能力、认知能力，具备判断能力，应善于发现问题、分析问题和解决问题，具有创新能力、合理利用资源的能力和运用信息技术的能力。

（5）凸显非语言交际能力的重要性。从跨文化交际看，非语言行为同样有着不容忽视的影响。由于文化的不同，非语言行为也显示出很大的差异。跨文化交际者在交际过程中应得体地运用非语言交际行为，了解目的语国家的时间观念和对空间的使用，从而适当地重复、补充、修正、替代、调节语言交际行为，持续对非语言交际能力进行补充补位。

以上部分在对跨文化交际的原则、特点和变化研究后，笔者发现，成功的跨文化交际者应具备实现跨文化交际有效、得体的能力；跨文化交际依赖于不同文化间的通约性，身份和认同是跨文化交际的最基本的层面之一，跨文化交际有其重点分析环节，价值观、态度、语境、语言和非语言交际行为是影响跨文化交际的重要因素，非言语行为在跨文化交际中的作用举足轻重；多元化跨文化交际语境要求交际者既要具有使用外语与目的语国家的人进行交际的知识和能力，还要具备与其他国家的人进行交际的知识和能力；跨文化交际的内容和方式上的变化引发对跨文化交际者的知识、能力、素质等方面要求的变化，也强化了跨文化交际的培养需求与价值导向。

我们在对分析和探讨已有跨文化交际能力构成框架基础上归纳发现，大多数专家、学者通常从知识、技能、态度、意识层面分析跨文化交际能力的构成；他们普遍认为跨文化交际能力是一项综合能力，其构成极为复杂；成功进行跨文化交际需要交际者具备语言、文化、交际等多方面知识；跨文化交际能力各构成要素相辅相成、共同作用。研究者对跨文化交际人士深度访谈和问卷调查的结果分析后发现，研究对象均强调跨文化交际能力构成的全面性，跨文化交际能力包括直接作用因素和间接作用因素；各构成要素之间有相互补充、替代功能；跨文化交际中遇到的困难主要来自语言障碍和文化差异。跨文化交际涉及多方面知识，包括文化知识、语言知识和其他知识；跨文化交际能力是一种综合能力，语言能力是跨文化交际的基础，强调非语言交际能力和业务能力的重要性；态度层面可归纳为交际态度和个人态度两大范畴，尊重和礼貌往往是影响跨文化交际行为的关键因素；成功进行跨文化交际对个人自身素养提出了更高的要求。

从实践意义来看，构建跨文化交际能力框架的目的是为寻找提高跨文化交际能力的途径和方法。通过对跨文化交际能力框架的构建，为跨文化交际能力培养模式的构建奠定了基础。同时将进行"渗透式"跨文化交际能力培养模式构建，探讨跨文化交际能力培养理念、目标、原则、内容和培养环节。这些都将为现实跨文化英语教育提效形成良好借鉴。

第二章
跨文化国际外语教育问题研究

第一节 国际英语教育的基本情况概述

一、外语教育的国际背景

社会政治经济的发展,为外语教育提供了更大的内在驱动,但同时也对其提出更为多样化的要求。如果外语教学培养出来的人才不能够适应社会的发展需求,这一矛盾就会推进外语教学改革和发展。21世纪是一个竞争激烈的高科技时代,具备知识经济化、经济全球化和高度信息化等明显的特点。时代特点对21世纪的人才提出了更高的要求,不仅要求他们具备扎实的专业知识、较高的信息素养,而且对他们运用外语的能力提出了更高的要求。为了适应新时代的需要,培养适应社会发展需求的复合型人才,外语教育必然会适应性进行动态调整。

20世纪80年代开始,许多国家开始意识到外语在国际化交流中的重要地位,并相继进行了一些改革。很多国家的外语教学或第二语言教学逐渐地从孤立的、单纯的语言教学转向将语言教学与内容教学相结合，出现了"语言与内容融合学习"。这里，内容不仅包括学生在校所学的学科内容，也包括学生感兴趣的非学科内容。外语教育的国家化发展，带动了与其相关的语言学、教育学和心理学等学科的发展。

二、国外外语教育的基本现状

外语教育发展受到全球化趋势的影响日趋明显。很多国家都投入了大量的人力、物力发展外语教育。可以说，外语教育在不断的改革中持续发展，并产生差异化的现状。

澳大利亚对语言类教育十分重视。澳大利亚的教育系统把统一连贯的外语教育当作外语教学是否成功的一项衡量指标。澳大利亚政府曾颁布了《国家语言政策》(National Language Policy)，这一政策的颁布是为了推动澳大利亚社会的多元性发展，积极支持各种有创建性的语言教学，并帮助建立了澳大利亚国家语言机构这一联结澳大利亚大学和教育学院语言教育的组织。在国家语言政策的促进下，澳大利亚纷纷出台了极富指导意义的教育政策，推进了外语教育的发展。在国家的大力推动之下，澳大利亚各级政府和国民对语言的意识和兴趣得到了有效提升。学生在澳大利亚不仅可学到欧洲语言，还可选择性学习多门亚洲语言课程。

加拿大其早先双语教育是以浸入式模式开始的。该模式被世界上很多国家所采纳并发展出了多种教学模式，包括半浸入式、全浸入式、双向浸入式等。德国在采用浸入式模式进行教学时取得了很好的效果。在德国有许多学校从学生入学之初就推行了双向浸入式的教学方法，通过混合编班，让讲德语和讲其他语言的学生各占1/2。美国、澳大利亚和芬兰等国家也有很多学校采用这种方式进行外语教育。随着社会的发展，浸入式不仅在低年级进行，也开始逐渐出现上升发展的趋势，许多欧洲

第二章 跨文化国际外语教育问题研究

国家的学校都开始在高中阶段对地理、历史、音乐、体育等学科进行全英语的教学。其中，荷兰一些学校的部分课程用法语或西班牙语讲授，卢森堡采用德语或法语进行授课。1996年芬兰一项调查显示，1/3以上的职业学校，15%的初中年级以及1/4的高中都推行了双语教育的模式。

法国在外语教育方面尤其关注学生交际能力的培养。其强调"情景教学法"，鼓励学生敢于开口，积极为学生提供良好的外语学习氛围。通过儿歌、童谣、短故事、游戏等方式在小学阶段开展外语教育，培养儿童对语言的敏感性。英、美一些国家则充分利用本国的地理和经济优势，与国外的学校建立联系，让学生在放假期间去目的语国家学习，接受目的语文化熏陶，这对于促进学生交际能力的增长具有巨大的价值。

丹麦的外语教育开设相对较为成熟。其到了高等教育阶段，开始在主要高等商校和师范院校开设专业外语课程，由于丹麦具有完备的外语教学体制，绝大多数学生在进入大学之前已经熟练地掌握了至少两门外语。丹麦大学外语教育的主要目的是培养中学教员，同时也为公共行政事业部门和私营企业培养后备人才。故而丹麦主要学习英语、德语、法语、西班牙语和意大利语等语种，只有少数院校和专业会涉及小语种的教授。丹麦的外语教育是比较成熟的，这在很大程度上得益于它完备的教育体制。而且丹麦人对外语重要性的认识非常充分，他们不仅认识到外语在当今社会的重要性，而且会在学习外语同时更能从文化的角度来加深对目的语国家的认知了解与认同。

印度的官方语言是英语。不过当前全球化时代，印度政府对英语的重视程度显得更高。印度所培养的优秀的双语大学生及科技人员的英语能力为其培养国际人才带来了极大优势。到目前为止，印度已先后多人获得多项诺贝尔奖，包括文学奖、物理学奖、医学奖、经济学奖及和平奖等，这与他们杰出的英语水平不无关系。这些获奖者不仅能用英文撰写学术报告、著书立说、进行文学创作，还能够熟练地使用英语发表演说、答记者问。在科技领域，印度人的表现令人瞩目，印度工学院的毕业生在美国非常受欢迎。在文化领域，印度也涌现了一批能融会东西方文化的杰出人才。此外，联合国及其他国际性的部门组织中，印度人往往被认定为语言交际岗位的首选。

三、我国跨文化大学生英语活动现状

交际语境是当前跨文化教学的重要依托。从现实考察看，我国外语使用率低，外语学习者缺乏跨文化交际语境。笔者在关于"中国语言文字使用情况调查"的调查中发现，从全国范围看，民众的自评外语阅读能力和会话能力都不算高，自评会话能力稍弱于"会说一些问候的话"，外语使用频度介于"几乎不用"和"有时用"之间，并偏向于"几乎不用"；北京、上海、天津、广州、深圳、大连的均值显著高于全国平均值；外语、俄语等在我国只是外语，并无第二语言的地位，全国的外语使用频度很低。由此看来，我国缺乏外语使用的大环境；没有语言使用环境影响了学习效率，有些学生往往很难有学习语言的动机。这些因素限制了交际语境的形成。

跨文化交际能力培养的现状很大程度上取决于当前英语实践活动开展的程度。整体来看，我国大学生文化体验和跨文化交际实践的机会不多，跨文化交际的方式单一。早先，笔者对大学生跨英语教学实践进行了主题为"高校大学生问卷"的调查发现，课堂教学和课下自主学习是大学生提升英语水平的主要途径，通过课外实践方式的不到10%；除课堂教学外，学生接触国外文化的途径主要是网络、电视、报纸等媒介；不到20%的学生经常和学校外教接触、交流，60%的学生没有和其他外国人交际的机会，仅有不到10%的学生拥有出国旅游、探亲访友机会。

同时，利好的条件是，大学生具有参加课外活动和进行交际实践的积极性。通过参与有关英语和文化的课外实践活动，提高了英语口语水平，提升了人际交往能力，增强了与他人交流的勇气，增长了交际技巧，发现了自身不足，开阔了视野。

此外，笔者在"大学英语教师问卷调查"中发现，部分大学定期开展诸如文化月、英语周、英语演讲比赛的跨文化交际活动；一些院校拥有国外留学生，但人数不多且数量不稳定。从学生角度来看，他们希望学校在正常课堂学习、英语学习和专业学习之外开展与专业有关的讲座，开设和英语相关联的选修课程，如经贸、旅游方面的课程；学生期待学校采取措施、开展实践实习活动，以实现所学知识价值最优化、不与社会脱节；希望学校多开展涉外的交流活动。

（一）英语课外实践活动目标与原则

1. 英语课外实践活动目标

大学英语教学需要实践层面的支持。基于英语课外实践活动对于跨文化交际能力培养的作用和我国高校英语课外实践活动的现状，高校大学生进行英语课外实践活动旨在弥补我国跨文化交际语境缺乏的不足，充分发挥英语课外实践活动的作用，通过课外文化体验与跨文化交际实践，帮助学生丰富文化知识、提升跨文化交际意识、锻炼语言交际和非语言交际技巧，提高学生语言学习和文化学习的兴趣和动机，锻炼学生自主学习能力，从而发展和提升他们的跨文化交际能力。

2. 英语课外实践活动原则

课外实践必须要考量多元层次的跨文化教学需求与要求。为探讨英语课外实践活动的开展应遵循的原则，研究者将从以下三个方面进行研究：

第一，课外活动与课堂教学相统一。戴炜栋（2008）指出，英语课外活动应与课堂教学有机结合。课外活动与课堂教学是互补关系，课外学习与活动是课堂学习的延伸，课外的语言实践对英语教学尤为重要。为实现课外活动与课堂教学的结合，束定芳（2011）认为，课外活动的开展应与课堂教学保持一致和连贯，教师应协调和指导好课内外学习、保持课内外学习在目标和内容上的一致性，课外作业和任务的布置应与课堂教学内容和目标相联系，教师应给予学生课外学习必要的指导，课堂上应给予学生展示课外作业成果的机会、教师应给予评估。

第二，学习、研究与实践相融合。潘荣成（2012）指出，应坚持知识学习、学术研究、亲身实践同步发展，使学生学习、研究、实践三者合一。学校可根据各高校专业设置情况和学生的就业需求，开设更多有利于培养学生跨文化交际能力且具有实用价值的应用型课程，举办有关商务礼仪、文化特色、社会习俗等方面的专题讲座。利用课外活动开辟跨文化交际能力培养的第二课堂，让学生通过亲身实践去发现、体会、理解并掌握中外文化差异，从而提高他们的跨文化交际敏感性和适应性。鼓励学生在理论学习与切身实践的基础上积极参与相关研究，做到学习、实践、研究三者合一，从广度和深度两个方面同时培养学生的跨文化交际意识与能力。

第三，校内活动与校外实践相补位。仅凭大学校园有限的资源很难达到深层次锻炼学生跨文化交际能力的目的，走出校园是很有必要的，校内活动应与校外实践结合。谢晓莉（2012）认为，学校应创造机会让学生参加各种社会和语言实践活动，培养学生的社会实践能力和自主学习能力，可通过开展校企合作、更多提供学生涉外实践的机会。通过校内文化活动和跨文化交际实践，为学生参加校外实践和实习做好铺垫、打好基础；在学生涉外实践和实习中可安排适当的跨文化交际命题，使学生结合课堂所学语言文化知识和跨文化交际技巧，提升分析文化问题和解决文化问题的能力。

(二) 英语课外实践活动模式

1. 媒介和网络资源教育模式

现代科技的发展，使得跨文化交际更为便捷化与高效化。其为学生提供了自主学习和实践的空间和时间，学生可以利用媒介与网络进行跨文化学习和实践。

（1）英语杂志、小说、电影、广播等都是学生接触、理解国外文化的有效途径，网上的文字、视频、音频资料能够帮助学生更好理解文化话题。应鼓励和支持学生在课余时间积极开发和合理利用课程资源、学习资源与网络资源进行英语学习。

（2）互联网也是进行交际实践的渠道之一，学生可以通过互联网与外国人交流沟通，在交流过程中逐步认识和了解异国文化、加强文化意识、提升跨文化交际能力。国内学生同国际学生可通过网络进行沟通、信息交流，具体方式包括与外国学生建立笔友关系，利用网络交流信息，通过Skype、Facebook等网上视频聊天工具和国外学生进行在线交流。在跨文化交际能力发展方面，可通过和来自不同文化的其他院校学生进行网上信息交流，那些善于提问、善于分享个人经历、善于提供例子、善于发现课程中没有提供的材料、投入进行在线对话的学生取得了巨大的成功。

2. 强化文化实践体验一体教育模式

所谓文化实践体验一体教育模式，是指文化体验和跨文化交际实践活动相统一结合的教学方式。各大高校可通过开展丰富的课外语言文化活动，帮助学生提升跨文化交际意识、储备跨文化交际知识，理论学习与切身实践相结合提升跨文化交际能力。一般的都是组织一些既有趣味性又有助于学生跨文化意识培养、有助跨文化交际实践的活动，如英语角、外文歌曲比赛、英语演讲比赛、英语辩论赛、跨国别商务谈判、模拟联合国大会等；学校可开展英语日、文化周、英语或文化专题讲座、英语经典剧目展演、英语音乐欣赏会、英语报刊和英语文学作品赏析等活动，以帮助学生储备跨文化交际知识；学校可以定期邀请外教或其他外籍人士和学生交流，让学生在真实地道的语言交流中，感受异国文化，培养跨文化交际能力。

　　此外，提升校内文化体验及交际实践活动的作用将是文化实践体验效果的积极保障。英语教师应该有意识地鼓励大学生课外去体验和实践所学的文化和语言，应引导大学生发挥他们自己的主观能动性，引导大学生从无意识的文化体验和实践转化为有意识的文化体验和实践。大学生也须积极参加校园里的文化和语言活动；利用一切可能的机会与外教交流，使外籍教师办公时间最大化；在课外跨文化交际实践中，应注意培养移情，使自己同外国人交流时避免种族中心主义。

　　3. 跨文化学生结对模式

　　跨文化学生指为各高校汉语学生与英语目标语国家学生。各高校可开展汉语类学生与英语目标语国家学生结对子活动，以便同时提升本国学生和留学生的跨文化交际能力。可结合专业学习或跨文化交际课程教学，给予每一个新来的国际留学生一个汉语类学生伙伴，在留学生到达学校后的最初几个月里，给予英语目标语国家学生至关重要的社会支持，同时给予汉语类学生实际体验他族文化的机会，使本国学生和英语目标语国家学生共同受益。Campbell（2012）认为，要想使学生多进行文化交际和联系，需要进行必要的干预；虽然学生们都有意愿进行跨文化交际，还需要给予他们强烈的激励，使他们真正参与其中；结对子活动具有激励学生进行交际实践的作用；结对子活动能为学生提供学习跨文化交际的机会、加强了理论学习、挑战了文化偏见，能够提升学生的跨文化交际能力。

　　汉语类学生与英语目标语国家学生结对活动的实施时，要将此类活动与专业学习或跨文化交际课程结合,并作为其中一项作业;在学期开始前一周开始此类活动,越快开始越好,以便使英语目标语国家学生受益;可适当延长活动时间,削减时间压力;参与活动双方面对面交流的机会要适度,不能完全依赖对面交流,还可利用其他交际方式,如电子邮件、电话等方式,但要谨防双方因缺乏见面交流而蜕变为笔友关系;和其他结对小组至少见面沟通一次,所有结对小组至少集体见面沟通一次。

4. 目的语国家文化体验模式

中外大学校际交流是高校国际化建设的重要组成部分,交流的方式主要包括互派留学生、互派教师访学和任教、开展教育合作项目。为培育学生的国际视野、丰富学生的跨文化交际知识、提升他们的跨文化交际技能,高校可充分利用对外合作与交流平台,扩大国际交流的规模,强化交流效果,为学生创造去目标语国家进行文化体验和语言学习的机会。主要方式有出国短期培训、游学、校际访问、交换生和留学。

学校可组织学生赴目的语国家进行短期学习、英语夏令营或冬令营、校际访问。这些活动不仅是学生实践课堂所学的知识和技能的机会,同时也是一个学习机会;通过这种体验式活动,学生既可以运用跨文化技巧,又可以获得新的知识、态度和价值观;学生可增进对较为陌生的异国文化的了解,同时可以换种角度审视自己熟悉的本国文化。

国家文化体验的活动可分为三个阶段:准备阶段、实施阶段、延伸阶段。

(1) 准备阶段。学生需要宣泄他们的想法、兴奋和焦虑。

(2) 实施阶段。学生沉浸在新的环境,有意或无意地学习和体验,学生可以通过记笔记的方式表达自己的感受和思考。

(3) 延伸阶段。应对整个过程进行反思、总结、和他人分享。

三阶段实则是对于跨文化教育的过程性解构。Jackson(2010)认为,教师应抓住三个阶段，应明晰活动的目标和方法，给予学生帮助、支持和引导；高校应重视让出国学习或体验返回的学生和教师与那些未出国门的师生分享他们新的理解。交换生和出国留学项目是学生学习语言、体验文化、进行跨文化交际实践的另一种途径。Davidson（2007）提出，要达到语言的高级熟练水平，毫无疑问需要在国外的学习，特别是整年的在目的语国家留学，而非仅仅一个学期。Campbell（2012）认为，二语学习者要想语言达到精通水平，和本族语者面对面的交流实践是非常重要的，最好是在目的语国家。出国留学过程中，大学生将沉浸在外国语言、文化和社会实践中，会经历生活和学习等方面的改变。此外，参加出国留学项目的学生拥有更强的跨文化能力，增加了对多样性文化的开放度，比那些留在国内传统校园里的学生更具有全球思维；参与调查的出国留学的学生认为自己在跨文化交际方面更有能力、平易近人、更为开放。故而，各大学可充分利用国际交流与合作的平台，通过合作办学、交换生等形式，帮助具有需求和条件的学生到目的语国家学习和体验。

5. 校外跨文化交际实践模式

适应大学实践条件与专业需求，高校可通过开展校企合作、提供学生更多涉外实践的机会。比如和外贸企业、涉外旅游机构、外企、中外合资企业开展合作，在这些企业和机构建立实习实训基地，向学生提供跨文化交际实践和实习的机会，可以创造机会让学生和外企、中外合资企业的员工座谈，近距离感受文化冲突和融合。

6. 校园文化体验学习模式

校园文化是学生潜在文化意识形成的关键要素。高校可通过校园实地文化环境和网络文化环境建设，创设校内跨文化语境，使学生丰富文化知识、得到跨文化熏陶。教学楼内的图片文字、校内的宣传栏、学校的网站是丰富学生文化知识、培养学生跨文化交际意识的媒介。研究者

第二章 跨文化国际外语教育问题研究

某课题中进行的"高校学生问卷调查"结果显示,学生们关注的学校媒介产生出极大的差异:教学楼内图片、文字(34.7%),学校网站(28.6%),校内宣传栏(23.6%),校报、校刊(13.1%)。这种差异性体现了文化熏陶的差异影响作用。

同时,在学生们浏览学校网站时感兴趣的板块方面,其依次顺序是:学校新闻和学院/专业活动,学习资源,通知、公告。一半以上的学生每天都上网,学生使用网络最主要的目的是和他人联系、聊天、收发邮件,其次是娱乐,最后是通过网络查阅资料、获取学习资源。绝大部分学生都知道2~5个英语学习网站。由此看来,高校有必要注重实地和网络的校园文化建设,加强网络学习平台建设,营造跨文化氛围,潜移默化促进学生文化知识的增长,强化学生的跨文化意识。比如,在教学楼内的墙壁上可张贴国内外知名院校的图片和外文简介,在大厅内可设置中外文化展板,在校内的宣传栏中及时更新学校涉外活动信息,利用校园网构建学生自主学习平台、提供语言文化信息和资源。

整体来看,通过对跨文化教育现状下的英语课外实践活动进行分析,通过对实践活动开展的作用、目的、开展原则和具体方式方法进行探讨,笔者发现英语课外实践活动对于培养学生的跨文化交际能力具有重要的意义,笔者有六方面的心得:①语言具有社交功能,语言学习应满足社交需要;②英语的、交际的、互动的文化体验是语言文化学习的一部分;③英语课外实践活动有助于语言能力的发展;④语言输出实践能够提升语言的自动化和清晰化;⑤教室之外的第二课堂同英语课堂一样,是锻炼学生跨文化交际能力的场所;⑥参加课外跨文化交际活动能够激发学生的学习积极性、增强自信心、锻炼自主学习能力。

分而言之,跨文化英语课外实践活动的目标是为帮助学生提升跨文化交际意识、丰富文化知识、锻炼语言交际和非语言交际技巧,提高学生语言学习和文化学习的兴趣和动机，锻炼学生的自主学习能力，发展学生的跨文化交际能力。

　　跨文化英语课外实践活动的开展原则是：课外活动与课堂教学有机结合；知识学习、亲身实践、学术研究同步发展；校内活动与校外实践结合。跨文化英语课外实践活动的模式主要包括媒介和网络资源教育模式、强化文化实践体验一体教育模式、跨文化学生结对模式、目的语国家文化体验模式、校外跨文化交际实践模式、校园文化体验学习模式。这些模式既是当前跨文化教学的需求下课外实践的创新尝试，更是拓展差异化的实践空间，为学生提供更为广阔的平台，使学生得到跨文化熏陶，提升跨文化交际能力。

第二节　世界主要国家跨文化英语教学研究

一、美国跨文化英语教学研究

　　20世纪60年代，美国开始关注文化教学。美国定期会举办以文化教学为主题的研讨会，就文化教学对外语教学和外语学习者的重要意义达成了共识。其不但强调了文化教学的复杂性，而且还强调了文化教学的多面性，着重研讨了语言和文化如何在课堂教学中有机结合的问题。Lado提出的有关文化对比的框架，既能帮助教师提前了解文化学习的难点，又能使学生的本族文化意识得以提升。不过其往往只是对表层的学习行为进行了观察与关注，并没有从价值观、世界观的角度来对比分析。

　　1996年，美国教育部颁布了全新的外语教学标准。这一新标准明确规定了文化是外语教学的基本核心。新的外语教学大纲以国家文件的形式认可和巩固了文化教学的作用和地位，使文化教学得以普及和深化。文化教学与跨文化交际培训相互沟通、有机结合，大大提高了学生学习外语的积极性，改善了美国年青一代的大国沙文主义思想和唯我独尊的思想倾向。到了 21 世纪，语言学家关于语言文化教学的扩展式研究为跨文化英语教学形成了方法与模式储备。

Starkey 认为，语言文化教学更应该注重的是人权教育，应把道德层面的教育包含其中。Guiherme 认为，人权教育与民主教育有利于提高文化意识。Patrick 倡导通过体验性语言教学，加强文化学习与教学其内容涉及文化内涵、学生活动、预期成果、学习内容和师生关联五个方面。

美国在语言文化教学研究的成果，更加深刻印证了人们对语言文化教学的认知。可以说，文化界定了语言本身的内容和形式，不了解语言形成的文化背景，灵活运用语言的结果就难以实现。拥有相关语言的文化知识和文化意识能使语言运用更加熟练和得体，故而文化教学是语言教学的必要内容所在，更是社会发展融合的必备素养。

二、欧洲外语文化教学研究

早在 19 世纪 80 年代，法国教育家 F. Gouin 便发表著作《语言教学与学习的艺术》，强调了文化这一特质在语言教学中的核心位置。以德国和法国为代表的欧洲外语教学，受美国听说法和西欧视听法的影响，将语法结构作为教学重点，并同时开设文化课程。德国的 Landeskunde、法国的 Civilisation 是较早时期的文化教学课程。语言和文化在外语教学中不能有机结合。英国学者 Dyram 力图在语言文化教学模式方面有新的突破。Dyram 等在对欧洲各国语言文化教学进行调查的基础上，根据欧洲跨文化交际的实际需要创建了将语言和文化相结合的综合教学模式。在综合教学模式中，Dyram对文化教学的方法、原则、内容以及评估方法进行了系统的阐述，认为以往的文化教学倾向于重具体的知识和行为，轻理解、解释文化现象的整体能力；重事实、轻价值；重典型性、轻多元性。

欧洲各国在外语文化教学层面，可以说发展较早，且取得了较大的成功。尤其是其文化与语言在同一教学大纲和课程体系中有机结合，理论研究与教学实践紧密联系。其不足之处在于，欧洲的文化教学研究，只是以欧洲大陆和英国，最多加上美国的语言和文化为研究对象，强调具体文化的学习，而很少关涉世界其他地区的语言和文化。像亚洲、非洲的文化研究相对较为稀缺。

三、中国外语文化教学研究

许国璋曾在1980年《词汇的文化内涵与英语教学》中首次指出，我国英语教学没有对词语的文化因素给予足够的重视，应对英语国家的文化引起注意。自此有关语言与文化关系的研究拉开了序幕。礼貌在语用中起着重要作用。何自然则在1988年对英汉日常用语的差异进行了对比分析。

其后，交际法的导入给外语教学带来了生机和活力，也促进了语言文化教学研究更为深入，文化教学在国内得到了普遍的关注与重视。不过，鉴于教师长期以来习惯把重点放在语言形式的教学上，文化教学往往流于形式。文化教学仍然以传授为主，方法单一，语言、文化相结合的教学理念并未深入到外语教学实践中去。因此，我们的文化教学在理念上、在教学方法上、在人才培养模式上都需要进行彻底改革，必须从全新的视角对文化教学行为进行客观而理性的认知，并强调文化理解与认识的多元化。

2007年，国家新颁布的《大学英语课程教学要求》提出，要"提高文化素养"，在传授语言知识的同时，需要培养大学生的跨文化交际能力。

若要把跨文化交际能力培养的理念落到实处，必须认真思考和解决诸如教学目标、教材资源和教学方法等实践层面上的问题。我国外语教学中的文化教学受到越来越多的重视。教材编写改变了以语言结构为中心的模式，一批涉及文化因素的外语教材应运而生。许多以语言知识为主的教材也融入了明显的文化因素，不过，由于外语教学中仍然需要相对丰富的文化导入。倘若要执行跨文化交际，必须在文化语言教学中进行更多的内容拓展。

全球化背景下不同国度不同语言的人交往更为频繁，这也导致了交往过程中存在更多的问题与障碍。由此，具有跨文化交际能力的人才的培养也越来越受到关注，外语教学史上出现了一个新概念——跨文化外语教学。"推广跨文化外语教学将是未来我国外语教学改革的主要方向之一。"越来越多的学者把目光投向了跨文化交际能力的培养上。当然，在这个培养策略方面，国内尚处在探索研究阶段。在跨文化能力培养的原则方面，张红玲（2001）指出了较全面地提出跨文化外语教学的十条原则，即以学习者为中心，语言教学与文化教学交织融合；挖掘学生潜力、调动学生的学习积极性；认真对待学生的认知发展程度和语言文化学习的规律；处理好教学内容和教学过程的关系；说教式教学法与体验探索式教学法结合；跨文化意识和敏感性培养是文化教学的重点；文化学习方法的探索是文化教学的重要内容；教学内容和过程情景化、个人化；反思母文化，比较母文化与目的语文化；尊重学习者，因材施教。

刘孟兰与杨帅（2006）则从理论层次再次解构了文化教学模式，并阐述了其所包含的语言学习、语言意识、文化意识、跨文化视角四个基本要素，但并未对跨文化视角有过多阐述，偏重于文化导入。吴卞（2006）提出文化导入三原则，提出注解法、融合法、实践法、比较法、专门讲解法五种文化导入的主要方法。针对跨文化培养的具体策略研究相对较多。张红玲提出讲座、文化包、文化群、模拟游戏等文化教学的常用方法。李明洋（2006）提出培养非英语专业学生跨文化交际能力的一些基本途径运用交际法、文化对比法，加强学生跨文化交际能力培养；利用隐性课程，运用计算机辅助教学手段，增设相关选修课程等提高学生跨文化交际能力。李丹（2007）认为培养跨文化交际能力的策略有：正确处理教与学的关系，优化语言教学模式，充分挖掘和利用内涵，在教学中渗透语用知识，指导学生多渠道掌握丰富的文化知识。

作为跨文化交际能力培养的主体力量，英语教师也成为学者研究的对象。刘婷和袁小陆（2003）提出了全面培养教师的跨文化意识是整体实施的先决条件。杨静认为，教师在教学过程中，未能主动地将跨文化交际能力的培养与课堂教学有机地结合起来。张礼贵（2004）强调，转变传统教学观念，提高教师自身素质。李丹（2004）从教师的角度认为，培养跨文化交际能力必须注重分层进行，即必须提高教育者自身的文化素质，正确处理教与学的关系，优化语言教学模式，充分挖掘和利用教材内涵，在教学中渗透语用知识，指导学生多渠道掌握丰富的文化知识。

第三节　跨文化国际英语教育的发展优化

由以上所阐释的外语实践中，我们可以看到，众多的研究者在指导思想、教学内容、教学模式、教学手段等方面都体现了以培养具有国际视野和跨文化意识等现实需要为目的原则。同时，体现出了在评价方式上由传统的重视语言要素转变到对语言的实际运用能力，由重视书面转变为口头表达能力，由重视结果转变为学习的整体过程，由重视个性转变为彰显个性思维。在日常的教学过程中，主要是通过平时的课堂口语练习、情景扮演以及小组讨论等方式来考查学生们的听说能力，其中在小学教学中主要通过口语教学来进行外语教育，很少进行书面测验，中学阶段的教学重视口笔头的结合，书面测验重视学生的自由表达。就评估方式来看，外语教学不仅要针对学生的成绩进行定期考评，更要动态关注学生的行为变化与素质成长。

一、推行积极的语言教育政策

我们可以看到，世界上各主要国家都很重视语言教育政策，并将其作为推进外语教育改革的重要手段。语言教育政策的内容包括许多内容，例如教育资金的投入、不同国家语言的教学地位、对不同语种的选择以及在课程中各自所占的比例等方面。大多数国家的语言政策都重视提升外语教育的地位。语言政策不但明确规定将外语作为必修课，而且还将外语课程确定为核心课程，通过行政来确保外语教育的可持续性发展。

二、建构完备的课程指导框架

当前，外语教学必须有相对完善的课程指导框架作为支撑，这有利于外语教育的整体发展。完备的课程框架既有国际化的，如《欧洲共同课程指南框架》。也有国家的，如澳大利亚的《语言水平计划》。这种课程指导框架不仅提出了外语教学的共同目标，对外语教学大纲、考试、教材以及教师培训等多个方面也都产生了极为显著的影响。

三、执行有效的教学策略

在语言教育政策和课程指导框架之外，各个国家也都探索实施有效的教学策略。如融学科与外语为一体的双语教育，虽然传统的外语教育仍然占据着重要的位置，然而通过把外语作为教学媒介来对其他学科进行双语教学已经在世界范围内得到了比较广泛的采纳和应用，重视培养学生的交际能力，重视对学习者策略的指导，帮助学习者更好地了解自身特点以形成适合自己的学习策略和方法采用模块教学，不再以学生的年龄或学分分班，而是根据学生的语言能力编班项目学习，重视在学习语言与内容上的融合，强调到一些英语国家学习他们独特的文化。

四、贯穿严格的教师教育

这种严格的教师教育体现在对教师教育模式和内容上的不断改进及创新，使教师教育与外语课程改革保持同步，极大地推动了外语教育的发展。一般来说，国外的外语教师都要经过严格的职前教育和形式多样的在职教育。教师职前教育一般由学科教学、教学法和教育实习等部分组成，职前教育大都非常严格，需要通过非常严格的考试才能取得教师资格。国外也重视为外语教师提供形式多样、内容丰富的在职教育。例如，从1990年开始，西班牙就要求小学的语言教师需要具备语言专家的素质，不符合条件的教师需要接受培训或申请做非专业教师。

五、建立科学的评估体系

许多外语教学的认可教师大多是学生交际能力培养的主体。教师们借助于不同的教学目标、要求和对象设计出富有生活化以及多元化的评量模式，再建立个人档案并由此获得学生信息和对学生作出评价，这种评估体系已经成为当前教学结果测评方法的一个重要的趋势。根据学生的个人档案，教师可以深入了解到更为真实的跨文化教学现状，并动态调整教学方法。

在跨文化交流的背景下，我国对外语教育的重视也达到了一个前所未有的高度。我们有必要认真借鉴国外外语教育改革的经验，认真探求一条适合我国国情的外语教育之路。

第四节　跨文化大学生英语教育优化启示

教育部的《完善中华优秀传统文化教育指导纲要》中指出，"坚持弘扬中华优秀传统文化与学习借鉴国外优秀文化成果相结合。既要高度重视培育学生的民族自信心、自豪感，又要注重引导学生树立世界眼光，博采众长。"跨文化大学英语教育往往更为重视教学的经验积累。从以上的理论与实例研究中，我们可以获得如下启示。

一、必须以正确的文化观作为引导

英语教育跨文化实践往往需要以正确的文化观作为引导。英语教育跨文化实践的本质意味着受教育者必然会在原存文化系统上接触到其他的文化，而这种文化的接触自然会形成文化比较，从而形成文化孰高孰低的结果，即便是浅层次的文化接触，也会使受教者对文化优劣产生模糊感知，而这种感知必然会影响到受教者对于文化的态度。母语文化是接受外语学习的大学生原生的文化系统，大学生的英语教育实施是以汉语为媒介进行的语言教育，在大学生接受英语教育的过程中，必然会了解和学习到相关的英语文化知识，由此便会形成汉语文化和英语文化的比较，从而影响英语学习者正确文化态度的形成。尤其英语文化因西方英语国家发达的经济而具有更多的现代要素，现代性和技术性水平较高。汉语文化和英语文化共同繁荣了世界文化，两种文化对于人类发展也有不同价值。不过显然在社会发展大趋势下,英语文化教学需要结合当前实际与世界语言交流的潮流进行,显得更有实用功能。

故而,英语教学跨文化实践,往往更容易形成与母语文化的对比,抬高英语文化的心理位置,或者是由于民族主义情绪而形成对民族文化价值过分夸大而排斥英语文化的态度。在大学生英语学习中不管持以上哪一种文化态度,都不能在英语教育的跨文化实践中对两种文化进行理性分析,进而影响到大学生正确的跨文化态度或心理形成。对母语文化的过分维护会使大学生排斥文化之间的交流,不利于大学生汲取英语文化的精华成分,造成母语文化的故步自封,不利于母语文化的更好发展;而对于英语文化的过分夸大倾向又会使大学生在英语教育中文化迷失,失去其应有的母语文化立场,不仅不利于大学生在跨文化环境内的文化根基保持,更容易使大学生不能对母语文化进行更多的传承传播发展。在民族文化危机背景下,这两种文化态度都容易导致大学生对母语文化传承发展保护的贡献缺失。由此可见,由于英语教育的跨文化实践本质,在英语教育的实施过程中,必须首先要树立大学生正确的文化观,使其正确认识文化之间的差异,客观看待文化发展之间的水平高低,使其坚守母语文化立场,在跨文化实践中,呈现出一个母语文化的传承者应有的态度,这不仅是大学生跨文化实践的根基,也是母语文化传承发展的必须。故而,大学英语教育必须重视对双语文化的理性对比,必需站在历史价值的角度,提升大学生民族文化情感,并引导其逐步树立正确的英语文化观。

二、必须创设相对真实的跨文化语境

基于母语教育,跨文化的英语教学往往更加需要学生真正沉入文化语境中,从而真正理解跨文化实践行为。对于目标语言的学习必然要在两种文化间进行周旋，而这种文化的周旋实际就是两种文化语境之间的不同转换。语言学习必然不只是语音、词汇、音调的学习，语义掌握更是语言学习的重点，而语义必须基于相关的文化情境才能理解，语言是文化的载体，语言也是构成文化的一部分，结合特定文化情境下的语文理解才和其本有的意义更加一致。语言和文化的紧密联系意味着对于某种语言的学习必然不能脱离文化而展开，基于文化语境的语言学习可以使特定语言的学习更加立体和深刻，有助于受教者更好地掌握相关语言。具体到大学生的英语教育而言，便是需要在英语教育过程中创设相应的英语文化情境，使大学生在英语文化氛围中深刻理解并掌握相关的英语知识。母语文化是所有中国大学生已经融入血液的语境因子，同时这些已然习得了母语文化，并形成了民族思维，因此其对于事物的认知往往都会依照其原有的母语文化思维来理解。大学生既有的母语文化知识结构意味着其在英语教育过程中，对于本该由英语文化语境下的语言词汇放置于母语文化语境下，因此必然会形成大学生的语言理解错误、偏差，加上由于不同社会环境及经济基础而造成的母语文化情境和英语文化情境的不对等，大学生对于英语语言理解往往有较大的难度。因此，从跨文化视角来看，大学生的英语教育必须要加强英语文化语境的构建，使大学生能够从原有的文化语境形成的思维脱离出来，在英语文化语境下理解学习英语语言，如此才可以在对英语语言的学习和文化的实践中保持一致。对于大学生英语教育的英语文化语境构建，能够从课堂氛围、语言引导、实践等方式来进行尝试与创新。

首先，从课堂氛围来说，英语教师能够通过课堂平台对英语图片视频等进行展播，使得从形式的改变上促使大学生心理从原有的母语文化语境向英语文化语境转变，使其对英语学习和英语文化语境相关。其次，从语言引导来说，大学生的英语教育实质是在母语文化语境的其他语言学习,虽然通过文化氛围的创造,可以形成一些英语文化气息,但对于大学生来说,这种形式上的文化氛围对心理暗示作用有限,因此教师需要根据课堂情况有选择地通过英语文化介绍来引导大学生进入到英语文化语境中。最后,实践层面而言,英语文化传播促使更多的英语国家的文化习俗等融入母语文化,并在商家等推手下成为社会推崇的文化,如圣诞节、情人节等,这些英语文化习俗活动在商家的追捧下,已经成为大众乐于实践的文化活动,故而大学生的英语教育可将活动放置在相关英语节日习俗中,让大学生亲身实践英语文化习俗,能够在英语文化习俗实践的参与中,通过相关文化知识的合理联系,帮助跨文化教育实践活动成为大学生英语学习的文化语境,成为其认同第二语言文化的重要吸引。

三、必须以培养文化技能作为根本任务

英语教育的跨文化,本质上是汉语与英语或母语与第二语言之间的文化对比与信息转换。唯有如此才能够确保跨文化之间的信息传递正确表达,并使语言传递的文化理解无误,从而达成跨文化交际的目标。因此,对于大学生而言,跨文化视角下的英语学习不仅要掌握相应的文化知识和语言知识,同时也要对文化之间的信息传递和使用技能进行培养,只有这样才能使跨文化的信息传递更好实现。根据布卢姆的跨文化交际能力概念,这种社会文化技能主要包括两层意思,第一层意思是理解目标语中的文化信息知识,并能进行分析说明;第二层意思是在已掌握的信息基础上发现新的信息,并能使信息和原有的信息同时在交际过程中应用。具体到大学生的英语教育中,便是大学生要掌握理解英语文化知识的能力,以及通过知识关联掌握新的英语文化知识,并能在现实跨文化实践中加以应用。不过如此的跨文化教学往往对学生的要求较高,从

文化信息理解到实践应用，都必须保证循序渐进，逐步完成。

首先，大学生所处汉语语境与英语文化语境存在显著的差异，且在文化特色与内涵上产生极大不对等。也正由于大学生知识结构中的文化不均衡现象使得其对于英语文化很难理解。

其次，大学生掌握的英语语言知识有限，语言承载文化，对于文化的理解首先需要相应的语言知识储备，而在大学生有限的英语课程学习中，其所能掌握的英语语言知识要经过一个循序渐进的过程，其在整体语言总量和语言知识的掌握上基本上处于一个初级或中间阶段，加上大学生参差不齐的英语学习基础，大学生的最终英语学习成果和课程设计的语言知识也有一定差距，各种因素使得大学生英语语言知识欠缺，在不完全的语言知识基础上，其对英语文化自然也难做到完全理解接受和关联。

最后，大学生的语言实践情境缺乏，这使得大学生难以通过实践对自身所掌握到的英语文化进行文化信息的输出，而这种信息输出的过程也正是大学生英语文化知识的内化过程，缺乏相应的实践，大学生的英语文化就往往在信息输入与传输过程中显示出来，这也让英语语言文化知识应用存在无限未知性，其文化交际能力的培养也因实践的不确定性而产生不同的效果。

由此可见，文化内涵的差异，往往让大学生跨文化实践产生更大的障碍。与此相近的是，大学生语言知识学习存在更大的欠缺，并缺乏实践情境的磨炼，其在社会文化技能方面的进展更慢，两方面的鲜明反差自然会影响到大学生英语教育的跨文化实践的顺利进行，故而借助不同方式强化社会文化技能的培养，便会逐渐成为大学生跨文化教育的必选项目内容。

四、必须秉持教育者的关怀理念

2014年教师节,习近平总书记在北师大座谈会上表示,教育是仁而爱人的事业,如果没有爱,教育将失去色彩。教育者的相关教育如要更好地深入人心,教师要学会关怀,关怀也是保持和谐师生关系的重要因素。我们的高校教育往往过分强调知识技能的学习和培养,忽略了学生内心的感受和需要,也忽略了学生能力的多样性和个体差异。教师与学生之间缺乏沟通,缺少人文情怀,因此很多学生反映教师和学校对自己漠不关心。在一项关于北大、清华、人大、北师大等的师生关系调查研究中,超过80%的学生认为当前英语教育中学生更希望接近容易沟通、语气和蔼的教师。

美国当代著名教育哲学家、德育学家内尔·诺丁斯（Nell Noddings）对当代高校师生关系进行思考,并于20世纪80年代开始提出关怀理论,受到教育界的广泛关注。诺丁斯认为,每个人在人生的各个时期都需要得到人们的理解、接纳、尊重和认同,因此关怀他人和被他人关怀都是人的基本需要。她认为关怀不仅是一种美德,更是一种关系,它的维持和巩固既需要关怀方对关怀对象的做出反应,也需要关怀对象认可和接受对方的关怀行为。这样关怀双方在关怀关系中就是平等互惠的。诺丁斯的关怀理论具有丰富的内涵,在这种教育中,关怀是最根本的任务和目的;以学习关怀为出发点而整合的学校教育是关怀教育的全部内涵;关怀教育的基本方法是榜样（Example）、对话（Dialogue）、实践（Practice）和认可（Approve）。

从本质来看,教师能否秉持关怀的姿态与饱满的人情,人生经历与教育引导是极其重要的。通常来说,关怀教育中的榜样由教师来担当。教师必须以身作则地和学生建立关怀关系,在这种关系中通过自己的行动向学生展示如何去关怀。教师对中华优秀文化中所体现的民族精神和人文关怀精神身体力行、言传身教，起到榜样的示范与表率作用，这是对学生进行文化教育的前提。在诺丁斯看来，对话允许人们阐述自己的意见，给人们提出疑问的机会。这就使对话双方能够获得充足而正确的信息并在此基础上做出决定。另外，这样的对话还能够增进人与人之间的了解，加强相互间的联系，有利于维持关怀关系。师生应该在文化学习纳入层面做到随时深度的交流，进而让学生发现自己的认识有哪些优点和缺陷，在对学生进行文化教育的同时引导学生参与自我教育。同时，这种对话方式还能增进师生之间的了解与联系，建立并维持关怀和信任的关系。实践可以为我们提供经验，而经验是形成态度和世界观以及培养人际关怀能力的基础。因此，在学校里应当鼓励学生相互合作和帮助，鼓励学生参与校内外的公益活动。通过这种充满人文关怀的实践形式，让大学生树立真实的关怀态度获得真正的关怀体验，切身体会到中华文化中的优秀品质，从这方面增强对中华优秀文化的认同。在道德教育上，如果一个人能够获得他人的鼓励，则会不断在道德上表现出好的状态，就会更为表现出对文化的理性认同，对学生的良性引导，对自我的反观与矫正。

  多元文化交融的当前，外语学习变得越发重要。在现代大学教育体系中，英语教师不仅担负着语言技能的教学任务，还担负着文化传播的任务。英语教师是大学生习得英语的主要引导者，是沟通学生个体文化和多元文化的桥梁，"其文化知识积累和意识的强弱将很大程度上直接影响学生的文化素质及其最终的文化习得及运用"。教师本身就是教育的手段，康德说："人只有靠教育才能成人。人完全是教育的结果。更可注意的是，只有人才能教育人——换言之，即只有自身受过教育的人才能教育人。"教学执行中，教师关于文化的任何认知都会融入到课堂教学中，从而潜移默化地影响学生的文化意识。在我国大学英语教学中，长期以来教师大多只是按部就班地依照课文结构向学生侧重于单词释义、句子结构分析和语法知识等，而学生学习的目的也只是为了能够掌握必要的语法和一定的词汇量来应付考试，对于作为文化载体的语言中所蕴含的文化因素容易被一线教师们忽视。在笔者深入的调研中发现，无论是英美国家文化还是中国本土文化，英语专业同学普遍反映在课堂上获取的文化知识非常有限，就本土文化而言，仅在大学开设有"中国传统文化"课，且专注于传统文化的摄入，如戏剧、神话传说、美食等。课时有限，知识量有限，教授深度有限，这既不利于学生有指导地掌握语言中的文化价值，也不利于学生在文化理解中自觉区分文化价值中的积极因素与消极因素。教师在教学中要将开放合理的文化意识和文化价值观传授给学生，培养学生对中国文化的敏感性，使其内化为学生的思想意识和价值观念并服务于其语言的学习和运用。教师必须能够站在历史文化发展的高度来了解中华优秀传统文化不可替代的价值，认识到它们对于学生身心、发展和学生本土文化意识培养的重要意义。

英语教学对传统优秀文化的摄入，对英语教师提出了更高的要求。英语教师不但应具有扎实的专业素养即学科专业水平，还必须不断提高自身文化修养和教育素养。由于跨文化教育是一个需要对情感、信念和态度等因素起作用的教育领域，更具有"陶冶"的性质，因此文化修养对跨文化教育的效果比其他领域的教育活动更直接更明显。"教育素养包括教育信念、教育观念和教育技能等。"教育信念是指教师对教育事业和教育者个体教育能力与应有追求的确信，涉及教师对教育应有的价值取向的坚定信念。对教育事业和教师个人教育能力的确信在心理学中被称为"教育效能感"。没有教育信念的确立就没有成功的教育过程的实施。教育观念是指教育主体对具体教育活动规律性的基本认识，如教育目的观、教育过程观、课程观、教学观等。英语教师对于跨文化教育的目的、过程、课程和活动等问题的认识也直接影响到教育的具体展开及其效果。教育技能是指具体的教育工作技巧。在跨文化教育中，教师在课堂教学和课外实践活动中都需要组织、交流、沟通、表达、示范等方面的技巧。教师教育技能的获得，不仅需要教师能够在课前课后进行更为深入的语言文化的研究与探讨，并将研究成果放置在课堂环境中，而且需要将这种文化意识的提升作为一种进修机制固定下来。

第三章
跨文化大学英语教学的影响分析

第一节 跨文化教学对英语教学理论研究的推动

在我国，跨文化教学之于英语教学理论的研究相对来说较为偏执。尤其是某些大学英语教师对于跨文化教学的理论探讨停留在较低频度及水平中。从中国知网搜索相关关键词或主题，发现在博士学位论文中尚未有关于大学生文化认同方面的研究。相关学者关于此方面的研究中，北京大学高一虹教授和南京大学陈新仁教授的研究最具系统性和代表性。高一虹及其项目组结合量化研究与质性研究，从语言学二语研究的角度考查大学生的英语学习动机与自我认同发展。其研究选取了北京所属的综合性大学、外语院校、重点理工科院校、普通理工科院校、涉外文科院校各1所，以五校同年级1300余名学生作为研究样本，实施了从大学入学至本科毕业历时四年的跟踪调查。高一虹等从历史的角度重点追踪了大学生文化认同的变化状况，以实化研究为主，提供了翔实的量化数据和质性访谈材料，但针对调查研究结果后续的教育原则、教育策略等方面涉及较少,没有系统阐述。陈新仁负责的"985工程"二期"汉语言文学与民族认同"总课题的子项目"全球化语境下外语教育与民族认同关系研究"的研究,主要采用问卷调查方法定量研究外语教育对中国大学生民族认同的影响,并以日本、新加坡及中国香港为例,考察这些国家或地区实施外语教育的历史、政策,了解其外语教育对于民族或文化认同产生的影响。陈新仁等在研究中所使用的调查问卷总体信度系数不高,只有0.607,且样本量较小,回收有效问卷只有231份,受调查学生的专业只有本科生,没有涉及英语专业的研究生,另外缺少足够的质性研究,所以从广度和深度上,研究的代表性有所欠缺。在全球化趋势日益明显的大背景下,外语教学的作用与价值不言而喻,理论视角来看跨文化教育的研究更为丰富了语言教育理论,而关于跨文化教育的思想积淀也是外语教学理论拓展升华的重要来源,其将为大学英语跨文化教学提供更为实用的借鉴。

第二节 跨文化教学给英语教学实践带来的挑战

跨文化交流从发展来看,引入国内的历史相对较长。跨文化交流的频繁化,提升了外语学习者的学习范围、知识难度等,最终能够达到顺畅交流、自然交际的要求。新形势对外语教学产生了十分重要的影响。跨文化交流与外语教学之间有着紧密的联系,由于外语教学包括传授外语知识和培养学生的交际能力这两方面的内容,对学生们应用外语进行跨文化交际的能力进行培养具有十分重要的意义。在这个层面看,外语教学已经成为跨文化教育中的主体内容,当然也给英语教学实践带来了不小的挑战。

一、人才培养观念的转型要求

国际跨文化交流已经成为国家之间、商业之间对话的主要表现。从我国现实发展需求来看，国家发展离不开大量高素养的国际人才从事国际贸易，处理国际事务，加强国际文化交流。国际化人才不仅要具有良好的知识结构，还要有优秀的语言能力，更重要的是要有国际化的文化理念，对外国文化传统和交往礼仪比较了解，具有跨文化交流的素质，这些都对跨文化人才培养提出了更高的要求。

（一）文化态度的转变

针对差异化的文化，跨文化教学必须首先保证学生对不同的文化抱有理解和支持的态度。不同文化之间有着明显的区别，我们需要通过其他文化中存在的不足之处来改进我们自身的文化，让自身得到提高，这有利于我们在把握不同文化的特征时更加客观，我们在发现差异的过程中也能够寻找到许多不同文化中的相似之处，进而增进文化认同感。

（二）文化适应的培植

新时期的学习者要在跨文化交流中拥有逐步强大的适应能力。我们清楚，人们在第一次与其他文化的人进行交流时不可避免地会产生不同程度上的文化冲击，这种冲击或多或少地会对人们的进一步交流产生影响，如果要继续保持这种交流，人们就需要提高自身的适应能力，减少文化冲击带来的影响，为此在跨文化交流背景下，人们应该具有良好的文化适应能力。

（三）交际技能的培养

从理解的双向性看，跨文化交际能力必须基于母语与英语双方文化，实现文化双向互融互合。为了顺利、得体地实现与外国人的交往，仅仅只有丰富的词汇和地道流利的语言表达能力是远远不够的，还必须了解外国人的历史、习俗、生活方式和价值观等。改革开放以来，我国的开放程度越来越高，这表现在经济、政治、文化等多个方面，所以中国人面临跨文化交流的机会也随之增加，人们对学习外语的需求也更加迫切，具备英语语言素养，能够保证在不同的场合与不同语言的交流者实现沟通。

故而，跨文化交流是在适应社会需求与教育挑战背景下进行的。英语教学必须保障所输出人才能够胜任对外交流，是具有国际竞争能力的人才，而大学英语教育的重点也应该有所转变，即由原来的培养学生阅读写作能力转变为全面发展学生的听说读写能力，并通过各种途径不断加强培养学生的实用交际能力。在大学英语教学中，要重视文化差异的渗透，加强学生对不同文化背景的了解，拓展学生的知识面，要帮助学生形成良好的跨文化交际能力，进而培养输出更多的国际化人才。

二、语言教学理论的革新需求

很多研究表明，跨文化交流除了属于语言问题，不仅仅是简单的话语交流，更多需要交流者能够从文化上深度理解英语交流的习惯。可以说，文化上的差异会成为交际中一个更加难以跨越的障碍。有些语言学家指出，人们在说话时，不仅要遵守一定的语言规范，还要遵循一定的文化规则，按照文化习俗来组织话语，选择表达方式。在跨文化交流中，仅有语言方面的知识还不够，还必须熟悉对方的文化背景，尤其是在言语表达方面的文化规则和习俗。故而，以跨文化的视角来审视当前外语教学，当前外语教学亟须在理念上转型，在指导理论上更新。

跨文化交流语境下，文化差异对交流的冲击是不可避免的。有学者指出，"文化错误"要比语言错误更为严重。由于语言错误最多只是词不达意，无法把心里想说的东西清楚地表达出来，但文化错误却可能会使本族人和他族人之间产生非常严重的误会甚至是敌意。只有具备一定的跨文化交际能力,说话者才能够有效地避免由于不同文化背景而造成的交际障碍和交际摩擦,较为顺利地实现交往的目的。不过目前国内之于跨文化的理解并没有更为科学严谨的导向。很多研究者对于跨文化交际的重要性认识还不够,很多人认为只要学好英语,一切交流便迎刃而解。但是,这种认识实际上是错误的,它可能会导致跨文化交流的误解。由于文化上的差异,我们平时所认为的常识并不具备世界范围的普遍意义,文化背景上的差异会对某同一种行为有着不同意义上的理解。例如,一些礼节性的行为在中国人看来属于常识,而其他国家的人可能将之视为一种无礼的行为。这些都是由于文化差异而导致的问题。例如,问候语是一种很流行的普通的语言行为,在日常交际性的谈话中,中国人会很自然地问起对方的年龄、婚姻、子女、工资等情况。特别是当对话出现在年长者和年幼者之间时,年长者会很自然地向年幼者提问"你结婚了吗""你有几个孩子""你的工资是多少"等。在中国人看来,这显示了长辈对晚辈的关心,是一种很亲近的行为,但是,英美人却认为这属于个人隐私,如果谈及这些问题是一种很不礼貌的行为。这种文化上的差异往往会造成中美学生的隔阂,中国学生与英美人交谈时往往在不自觉中就伤害了对方的感情。英美人见面时经常使用的问候语是 Good morning/afternoon,就算是关系很好的朋友见面也经常以诸如"It is a nice day today, isn't it?"这样的谈话作为开头。这与中国人的谈话方式也存在显著的差异,我们经常会用"你最近在忙什么"作为开头。不过,这种问候语往往会招致英语国家人群的非议,因为他们并不乐意将自己所做的事情透露出去,认为这是窥探隐私,会生厌以致变得不友好。

  故而,如若减少跨文化的认知交流冲击,英语教学研究就必须首先沉入一线课堂,了解实况并产生思考与经验。要知道,外语教学不能仅仅只是定位于培养学生的一些基本外语能力,还要培养学生的跨文化交际能力。文化的发展产生了语言,这一特点让语言具有深刻的文化含义,在不同的文化背景和不同的交流对象进行交流时,如何准确和合理地表达一个意思,需要对文化含义有着很好的体会。外语教学不应该仅仅只是语言教学,还应该包括文化教学。美国外语教学专家Fobson曾指出,"采取只知道语言不懂其文化的教法,是培养语言流利的最好办法"。从这里也可以看出,倘若单单局限于传统语言教学理论来服务英语教学,显然难以适应跨文化交流对外语教学的新要求。在跨文化交流的背景下,我们重新审视外语教学,以更加敏锐的眼光发现外语教学中的问题,并对外语教学观念、内容和方法作出科学论证与考量,并积极应对跨文化交流的新问题与新挑战,以此来应对跨文化交流给外语教学提出新的任务。

第三节 跨文化英语教学对学生文化认同的影响

一、大学生对中西文化的认同程度存在差异

很多大学生从小并未受到更多的传统中式文化熏陶,相比较之下,从三年级开始学习英语到假期重点补课,再到考试时的重点关注,英语知识及文化已然在学生心中扎下深根。一项研究访谈结果显示,超过2/3的学生表示对于传统文化接触得少,了解得少,兴趣不浓,意识淡薄,对传统文化的范畴和内容不明确,即对传统文化和优秀传统文化的内涵模糊。很多学生把传统文化等同于封建文化,一提起传统文化即认为是

落后的、守旧的和应该批判的。经访谈了解和研究者分析，主要有两方面原因：一是受所接触目的语文化影响，缺乏必要的分析和反思，使其对母语文化存在片面的对比和排斥；二是母语文化的植入远不及英语的植入更深入人心。

总的来看，传统文化绝大部分都堪称语言教学的精华与宝贵财富。博大精深的中华优秀传统文化是我们在世界文化激荡中站稳脚跟的根基。反之，那些为封建社会及其他剥削制度服务的典章制度、价值观念、道德规范、社会伦理等，则是古代传统文化中的糟粕。习近平总书记在中央党校建校80周年庆祝大会暨2013年春季学期开学典礼上的讲话中指出，"中国传统文化博大精深，学习和掌握其中的各种思想精华，对树立正确的世界观、人生观、价值观很有益处。学史可以看成败、鉴得失、知兴替；学诗可以情飞扬、志高昂、人灵秀；学伦理可以知廉耻、懂荣辱、辨是非。"虽然目前大学生对母语和目的语所内隐的器物文化有一定的辩证态度，但母语文化的日渐缺失必然会带来潜在威胁。因此，这就要求高校中仍需进一步深入加强和改进大学生母语文化教育，尤其是使学生对中华优秀传统文化进行继承和发扬，让大学生吸收传统文化中最优秀的成分，并能在此基础上正确对待西方文化，汲取积极有益成分。"在现代中国的文化认同问题上，一方面吸收输入外来之学说，一方面不忘本来民族之地位"。同时，高等教育往往是中西方文化的培育主体，更是动态进行人才培养调整的核心阵地。

二、大学生对西方优秀文化精神内涵认知模糊

在深入大学生群体的调研中，发现现代大学生部分对于西方文化表现出极为浓厚的兴趣。在文化层次结构上，大学生对于西方文化在器物文化层次上有更多的偏好，在制度文化上有一定辩证看法，在观念文化

上有想深入了解和学习的想法，但不知如何甄别汲取，从而反映出大学生对西方文化及现代西方优秀文化精神内涵理解的不清晰不透彻。大学生虽然不同程度地接触一定的西方文化，并且也知道"取其精华，去其糟粕"，但不清楚"取"什么、如何"取"以及"取"到什么程度。对于高校英语教师，在教授英语语言过程中逐渐强调对西方文化接触和了解的同时，应基于教学课程对所授内容进行传达，尤其是能够引导在西方优秀文化精神内涵上进行深入的了解，对于其他文化也能做到辩证的认知，成为理性的跨文化学习者。

三、观念文化层次对学生文化认同的影响

从当前大学教育现状来看，英语专业与非专业学生对于观念文化的认知处在两个方向。在学习英语的过程中，母语文化与目的语文化这两种文化观念有一定的相互冲突、相互干扰。同时，在分裂性文化认同上，英语专业要显著优于非英语专业，且英语专业和非英语专业学生之间具有显著性差异，表明英语专业学生在学习英语过程中汉语和英语在相互干扰程度上，以及在这两种语言背后的文化观念的相互冲突程度上比非英语专业学生要强烈。故而，"英语学习"会直接影响到英语学习者的文化认同。

同时，英语专业跨文化教学条件下，刚入大学的学生在个人思维方式、语言表达等方面普遍表现出了因语言学习带来的对母语文化和目的语文化某些方面的纠结和无所适从的想法，具有明显的分裂性文化认同特点。英语专业高年级学生体现出对中国社会文化中某些观念和现象的排斥，如恋爱婚姻观、信仰问题、个人独立性等方面，观念上更推崇西方文化，目的语文化观念一定程度上甚至取代母语文化观念，表现出了削减性文化认同的特点。核心、价值观是一个国家文化的最深层次要素。

因此,英语专业学生对母语文化的价值观念认同不如非英语专业学生高。这也说明,观念文化层面的变化涉及一个民族的价值观和国家的生存,因此需要高度注意并需要经教育发挥作用。

如此来看,语言文化教育者除了一般的英语课程及文化教育任务,还应该从意识上防止英语中的不良文化对民族核心文化的渐进式威胁。当人们的需求由低向高递进时,人们在第一层次上对母语文化认同的降低就有可能逐步威胁到对较高层次上的文化认同。某些看似不威胁中国文化的英语文化不断渗透,最终可能会对大学生思想内隐的形成产生潜移默化的作用。西方文化将自身带有的价值观以各种形式包裹起来,隐含的意识形态通过多种途径渗透进大学生的生活当中,大学生的思想在自身需要和外部环境二者同时作用下形成。内隐形成在受外部影响而不自知、无意识的情况下,潜在地对大学生本身行为具有影响作用,经过一段时间的积累就可以固化成为大学生的有意识行为的过程,并持续不断地影响着大学生思想的内隐形成。高校教育者要深度理解语言学习的多面价值与需求,更要重视其复杂性,要将英语教育打造成真正的素质教育,而非单纯的技能教育。此外,更要强化外语教育的母语文化认知,维护母语文化的意识引领地位。

第四节 跨文化英语教学对学生就业素养的提升

近年来,社会对英语人才素质的要求日益提高,但很多学生跨文化交际能力较差,无法满足企业的要求,再加上大学毕业生人数逐年增加,导致新毕业大学生就业压力急剧增大。因此,研究和探讨提高大学生跨文化交际能力和就业能力的策略，对经济社会发展有着重要的现实意义。

一、大学生跨文化交际素养方面的问题分析

（一）中外文化存在显著的差异

语言与文化是不可分割的整体。中外文化的起源、历史、发展过程各不相同，英汉两种语言之间也存在较大的差异，在表达方式、表达习惯、词句含义和使用场景方面各不相同。长期以来，受汉语使用习惯的影响，很多学生在跨文化交际过程中对对方的文化了解不够深入，会不自觉地使用母语的表达方式，从而造成交际双方的尴尬或误解。而如果在工作中出现这些问题可能会造成工作失误，不利于学生的长远发展。因此，中外文化差异是跨文化英语学生跨文化交际问题产生不可忽视的原因之一。

（二）跨文化交流缺乏必要的语境

跨文化英语教学非常注重实用性，学生在掌握了英语知识之后，通过各种渠道进行实践和锻炼是提高跨文化交际能力的重要途径。目前的跨文化英语教学更加注重课堂教学，教师重视学生对词汇、语法等的掌握程度，学生实践的渠道和平台较少，大部分都是在课堂中进行一些基础练习，或者自己通过书本、录音、视频等进行练习，学生很少有机会与外国人交流对话，参与实际跨文化交流的场合更是少之又少。因此，大多数跨文化英语教学下学生的英语实践应用水平不高，不能满足就业市场对英语人才的需求，影响了学生的就业。

（三）跨文化交际缺乏实践技巧指导

很多高校已经意识到了跨文化英语教学重视实践的重要性，尽可能为学生创造跨文化交流的平台，使学生有更多的机会参与到跨文化交际中，但是学生在交际中普遍表现出技巧不足的问题。一方面，学生受汉

语惯性思维和使用习惯的影响较大，在交流中会不自觉地套用汉语交流模式，常常会误解对方的意图，给交流带来困难，影响跨文化交际的效果；另一方面，教师在教学中通常更加注重词汇、语法等内容，对交际技巧的教学重视不足，学生缺乏科学的指导，很难掌握恰当的应用方法。

二、跨文化英语下学生就业方面的问题分析

（一）英语相关专业毕业生数量供大于求

随着高校扩招和英语教学受重视程度的提升，绝大多数大学专业都开设了英语专业，由此导致就业市场上的英语专业毕业生大幅度增加，学生就业困难问题凸显。另外，当今社会，人们在日常工作中对英语普遍比较重视，他们通过自学、培训等方式提升了自身的英语水平，比较简单的英文交流和工作都可以胜任，而只有专业事务才需要专业的英语毕业生，因此，英语毕业生供应过剩，造成就业困难。

（二）毕业生专业面显得较为狭窄

跨文化英语专业的主要教学内容是跨文化活动中涉及的英语知识和技能，旨在培养学生应对对外跨文化活动的能力。长期以来，我国高校跨文化英语专业的教学内容过于封闭和狭窄，大部分课程都是英语知识，没有向周围相关知识如经济、金融、财务等扩展，而当今社会企业更需要具备各方面综合知识的复合型人才。这样一来，跨文化英语专业面狭窄限制了学生的发展和成长，毕业生的综合素质无法满足企业的需求，跨文化英语专业学生在就业市场中竞争力低，影响其就业。

（三）跨文化交际能力差

在实际工作过程中，企业对跨文化英语专业毕业生的跨文化交际能力要求较高，因此，企业在招聘人才时更加注重学生的英语交流能力、跨文化专业知识和实用技能。但是，当前的跨文化英语专业毕业生英语

实践能力和交际能力普遍不强，一方面是高校在课程设置、教学内容等方面存在缺陷，另一方面是高校缺少实践基地和平台供学生进行实践锻炼，再加上教师重视知识传授而忽视了技能培训，导致学生跨文化交际能力较差，在就业中缺乏优势。

三、跨文化英语教学下学生就业素养的协同培养

（一）重视外国文化知识的传授

外国文化是跨文化英语教学中不可忽视的重要部分，因此，教师要重视外国文化知识的传授，通过各种途径帮助学生掌握外国文化知识。

首先，在课堂教学中增加外国文化的内容。教师在讲解到某一知识点时对涉及的文化知识进行讲解，让学生深入了解某一知识点的来源和用法，拓展学生的知识面和视野，培养学生对外国文化的兴趣，提高学生的跨文化交际能力。

其次，引导学生在课外广泛接触和学习外国文化知识，让学生全面了解外国的政治、经济、文化。同时教师定期组织文化交流活动，让学生相互交流彼此的心得和体会，不断提升文化素养，为今后的跨文化交际和就业打下良好的基础。

（二）持续推动跨文化英语教学创新

当前跨文化英语的教学方式比较单调、枯燥，教师要不断创新教学方式，通过多样性的教学手段激发学生学习兴趣提升教学效率。

首先，要充分利用多媒体这一教学手段，通过短片、视频、电影等形式让学生了解跨文化交际，帮助学生了解外国文化知识，直观地看到跨文化交际的过程，看到真实的跨文化交流活动，提高自身的跨文化交际能力。

其次，运用情境创设、戏剧表演等方式模拟跨文化活动，在实际的

交流中学习跨文化交际的表达、姿势、表情等细节，加深对跨文化交际能力的理解。

（三）不断拓展实践锻炼的机会平台

在当前的就业形势下，用人单位对学生的实践能力和实用技能格外重视，因此，跨文化英语教学中的实践锻炼至关重要，既可以有效提升学生的跨文化交际能力，又可以为学生就业增加砝码。

首先，在校内建立语言、跨文化实训基地，配备完善的语音训练设备和软件，让学生掌握准确的发音和表达方式，同时建立商务活动模拟场景，让学生在仿真的环境中交流和表达，不断提升学生的实践能力。

其次，为学生创造与外国人交流的机会和平台。高校可以定期组织英语角或英语沙龙活动，邀请校内或校外的教师、留学生定期参与，为学生提供跨文化交际的平台，提高学生的英语实用技能。

（四）动态提供科学的就业规划指导

高校要帮助学生建立正确的择业观，定期开展就业讲座，帮助学生了解就业环境和自身的能力，扩大就业选择的范围，提高就业能力。同时，高校应与企业联合开展校企合作，定期组织学生进企业实习，一方面可以提升学生的跨文化交际能力，另一方面可以更好地了解用人企业对学生能力的需求，便于有针对性地开展教学，提升学生的综合素质。

第四章
跨文化大学英语教学的实践分析

第一节　当前我国大学英语教学模式概述

一、大学英语教学性质及目标

作为现代高等学校进行非英语专业本科生英语教学的主要遵循，《大学英语课程教学要求（2007）》指出，大学英语教学是高等教育的一个有机组成部分，大学英语课程是大学生的一门必修的基础课程。大学英语是以外语教学理论为指导，以英语语言知识与应用技能、跨文化交际和学习策略为主要内容，并集多种教学模式和教学手段为一体的教学体系。同时，其明确提到"大学英语的教学目标是培养学生的英语综合应用能力，特别是听说能力，使他们在今后学习、工作和社会交往中能用英语有效地进行交际，同时增强其自主学习能力，提高综合文化素养，以适应我国社会发展和国际交流的需要"。

二、大学英语教学模式特征

关于教学模式的定义，许多研究者都有过研究和论述。美国的教育专家埃尔斯（Eayrs）在《教学模式》一书中指出"教学模式，是构成课程总时长的学习课程、选择教材，其是指导在教师和其他环境中教学活动的一种计划或范型"。苏联教育家巴班斯基认为，教学模式是在"教学实践中基于教学形式和方法的系统结合而产生的一种综合性的形式"。

关于教学模式的特征，李如密认为其应具备操作性、简约性、针对性、整体性和开放性的特点。而钟志贤则将教学模式的特点总结为原型、模型和范型，认为教学模式是对教学活动方式的抽象概括，源于教学活动经验；是各要素及其相互关系的结构化的、简约化的表达方式，是对理论基础、目标、条件、策略方法和评价的有机整合，是对教学的空间关系和时间关系的系统概括；在某个范围内存在典型的代表性与示范性。

故而，研究中所提及的大学英语教学模式可表述为：是在大学英语教学实践中形成的、用于组织和设计教学过程的理论框架，是对大学英语教学各部分结构关系的简明表达，是对教学理念、教学目标、教学方法和评价的有机整合。同时，所有教学模式都在具体的教学实践中，结合具体的教学情境进行灵活运用和建构完善。

三、大学英语教学模式分类

（一）"支架式"教学

"支架式"教学，其理论依据是建构主义学习观和维果茨基的"最近发展区"理论。"支架式"教学模式，是指通过有效的教师与学习者互动帮助学习者完成其自己无法独立完成的任务，这一理论的发展突出了互动在学习中的功能，这里的互动是指教师与学生的互动以及生生互动，

其教学过程有以下几个层面:

(1) 搭建支架。所谓支架实则是教学结构。搭建支架是"支架式"教学模式的第一步。这个过程中,教师根据对学生的了解以及学生的反馈,为学生制定教学目标,并提供给学生一些基础因素,作为学生学习的"支架",帮助学生学习。这些目标就是类似于"最近发展区"中的内容,这些目标以学生当前的能力并不能达到,只有通过学习的过程才能完成,最终完成学习任务。"支架"的搭建,需兼而符合课程总要求与学生总需求。

(2) 进入情境。归根结底,英语等语言的学习都是服务于跨文化交际的。故而,失去语境的语言,英语学习仅仅是知识的灌输。因此在构建支架后,教师就要想办法让学生进入一定的情境。情境不仅是知识形成的背景,也是知识运用的过程。在情境建构中,教师要为学生设定成一定成情境,可以是课文中的情景再现,也可以是根据教学内容得到的教学资源的构建。在教学情境中,实现师生之间以及生生之间的有效互动。教师在教学情境构建中可以利用信息技术进行辅助教学,推进信息技术的完善,教师可利用多媒体技术通过声、光、电、影等全面构建情境,营造良好的视觉环境,打造易于帮助学生理解认知的教育氛围。

(3) 自主探索。当学生进入情境并获得足够"支架"导引后,教师要充分尊重学生并留给学生足够的空间。在大学阶段,由于学生数量众多,教师很难关注到全体学生,因此,交给学生学习的能力,为学生明确目标,交由学生自主处理资源,能够有效提高教学效率。在自主学习过程中,学生要制订计划,完成教师交由的教学目标,能够锻炼学生独立思考计划的能力。要独立完成学习工作,这实际上是帮助学生建立独立学习能力的过程。在独立探索的过程中,学生进行自主思考,完成教学工作,能够有效形成学习意识与能力,为终身学习打下基础。

（4）协作学习。协作学习的前提是学生的自主探索学习。在此过程中，教师要重视发挥师生互动与生生互动。在师生互动中，教师不是要告知学生任何既有知识，而是要在学生困惑时给予指点、鼓励，在学生遇到问题时教与学生一些方法，推进教学工作的发展；在生生互动中，要推进学生的合作学习能力。在大学中，更多的学习工作交给了学生自己，因此，调动学习积极性，发挥集体优势至关重要。在协作学习过程中，学生要将独立处理未能完成的工作进行处理，借助讨论与合作探究来实现既定教学任务。

（5）教学评价。"支架式"教学既注重结果的评价，也关注教学过程的细节，在评价上也要对形成性评价与效果性评价同时进行。在对教学过程进行评价时，可以充分发挥学生小组的功能，使学生进行自评，互相评价在学习中的表现；同时由学生进行自主评价，能够加强对自身的了解，通过学生自主评价与互相评价的过程，学生已经能够对自身在学习中存在的问题与内容进行了解。最终评价，则由教师来给出结果，这里的评价就是对其学习过程结果等综合因素的考量。

（二）多维交互教学模式

交互型教学模式，以学生为中心，并始终保证学生是教学活动中的主体。在课堂教学中，以学生的双人活动或小组活动为主要语言实践活动，教师通过设计课程、布置任务、组织协调等，通过组织双人对练、小组讨论、课堂辩论、角色扮演、语言游戏等活动，来引导学生最终主动参与课堂教学。多维交互型教学模式认为，学生之实践往往是学生获取语言知识的过程。当然，作为教师也应该明确，倘若课堂设计不到位、组织不够严密，很容易导致课堂的"无政府"状态。在实际教学过程中，由于教师对于教学内容和目标的把握不同以及教学理念的差异，往往也会导致交互型教学模式过于强调交互的形式，结果形式丰富、活动热闹，

| 第四章 跨文化大学英语教学的实践分析 |

成效却并不令人满意,尤其是《大学英语课程教学要求》中对于学生用英语进行交际,特别是跨文化交际能力的初始目标难以顺利达成。

1. 多维交互教学模式的基本要素

多维交互教学,通过课堂任务设计引导教育系统中的多元因素形成互动。一般而言,教育系统至少由教学环境、教学主体、教学过程、教学结果四个板块组成。在多维交互教学中,各个板块在教学系统中既相对独立,又互相关联,发挥着各自的功能,并构成多维交互教学模式的基本要素。

所谓教学环境,涵括了相关教学的所有综合环境,像政府出台及学校制定的相关教育政策制度,社会主流教育价值认知及学校文化环境、硬件设施和条件等。教学环境对教学主体、教学过程和教学结果有直接的影响作用。优良、和谐的教学环境使教学主体在一种愉悦的氛围中工作和学习,对他们有激励作用,又通过这种激励作用对教学过程和结果带来正面的推动作用。同时,教学环境也在一定程度上受到对应的反馈影响。教学主体由教师和学生两大要素构成。教师作用的发挥,就其自身而言,取决于教师自身的知识水准、认知水平、职业道德、教学方法、教学策略和人格魅力。学生作为教学二主体之一,对教学过程和结果起着决定性作用。而这种作用的发挥又取决于学生自身的一些要素,包括学生的个性、学习动机、兴趣、自信心、焦虑和努力程度等情感因素和接受教育的程度和种类、学习方法和策略、学生个性特征和学习经历等非智力因素以及其他相关因素。教学主体所关联的各个要素相互作用,产生对教学过程的引导与规范、推动与优化。

教学过程是在课程计划与教学大纲的总遵循下,依照选择的教学模式,为实现既定的教学目标,通过师生教与学的共同活动。教师通过引导与督导,帮助学生掌握系统的文化科学知识和基本专业技能,发展学生身体和心理素质以及社会文化素质。教学过程中既包含了教学内容、教学目标、教学手段、教学方法和策略等要素，也包含了教学主体在教学环境下的各种认知活动。教学过程是否优效受教学系统中综合环境和教学主体的影响，并对教学结果产生直接的影响。显性的教学过程发生在校舍或者教学基地，在教学主体的直接或者间接参与下，通过一系列的教学活动和手段（如课堂教学、基地实习或者第二课堂学习等）完成。隐性教学过程则发生在教学综合环境下，教师作为学生的全程监督者与指导者，对学生执行学习计划的行为及效果进行评价与引正，进而逐步完成既定目标任务。

在学生步入课堂教学流程系统后，教育者通过师生、社会等的共同行动或活动，实现知识、能力、思想品德及其他非认知因素的发展和变化，便产生了教学结果。从发展程度来看，教学结果分为可评估近期和不可评估远期教学结果。近期结果的积累也可能发展为远期结果。近期结果指通过对学生进行考试，可以测量的短期学习收获；远期结果指无法通过考试等量化手段进行评估的长期学习收获。这种收获仅仅能够在长周期内才能显示。我们也能从教学结果中看到教学过程、教学主体、社会环境等的状态及水平。

2. 多维交互教学模式的内涵与分类

"多维交互教学"，必须置于开放的教育系统。在这种模式下，教师通过深化和优化教学互动方式，使和教学有关的各种要素和资源如教师、学生、教学方法、教学手段、教学设施、教学政策、文化氛围等在教学过程中产生各种形式、各种性质、各种程度的相互作用和影响。教学活动存在于一定的时间和空间中。在空间上，表现为根据某些教学因素，如一定教学理论、教学目标等，处理、安排另一些教学要素如教师、学生、教学手段等的地位、作用与相互关系；在时间上，教学活动表现为教学主体与教学环境两者相互作用所产生的具体实施过程。教学系统中的诸要素之间的互动也有一定的空间性和时间性。"多维交互教学"目的在于对教学相关要素的良性整合，对其关系表现的充分挖掘，对其教学系统资源的辩证运用，最终高质量完成课堂教学目标，实现课堂质量的提升。

从分类来看，"多维交互教学"有"显性互动""隐性互动"两种。所谓"显性互动"，主要是容易看到或觉察到的通过语言或行为产生的表层互动。如在课堂教学过程中，师生、生生之间发生的提问、回答与小组讨论等均为显性互动之列。而"隐性互动"则是比较隐蔽的、外人很难看到的通过心理活动产生的深层互动。从教学要素上看，"隐性互动"主要包括：教学主体与教学环境之间的互动、教学方法之间的互动、国家或学校所制定的与教学相关的政策法规、社会对教育的期待等与教学主体行为之间的互动、教学设施和条件与教学过程之间的互动、教学过程与教学结果之间的互动、教学评价体系与教学过程以及教学结果之间的互动等。从互动的内容上看，教学主体之间所发生的认知上的互动、情感互动和文化互动等都属于"隐性活动"。在"多维交互教学"中，显性互动与隐性互动相互之间存在着有机关联。隐性互动是借助显性互动传递出来的，同时在形式的表现上是显性互动的更深层次的拓展与内涵深掘。同时，隐性互动的实现促成真正有效的显性互动，正如人的动机激发人的行为一样；隐性互动是显性互动的内在驱动力，二者共同构成互动教学的完整体系。

3. 大学英语的多维交互教学模式

本书研究关于大学英语的多维交互教学模式，所指为教学实际的深入剖析、教与学相关理论的深度研讨后，基于教学模式的整体性、优效性、多样性和开放性等原则要求下总结出的一套基于中观层次的大学英语教学模式。大学英语多维交互教学模式的构建旨在成功解决我国现存的大学英语教学效果不理想的问题，全方位提高学生的英语综合应用能力和创新能力，培养适应我国对外开放和经济高速发展需要的高素质人才。在我国大学英语教学改革浪潮依然强劲，不少学者深究于究竟使用何种教学方法，如何能够深入地研究"互动"教学模式，如何避免随意选用、盲目混用教学模式等问题。这些思考都将对构建大学英语多维交互教学模式产生积极影响。

教学目标来看，大学英语多维交互教学模式是与我国大学英语教改相匹配的探索新模式，旨在全方位提高大学生英语综合应用能力，为社会培养世纪复合型人才，以科学的教学理论为依据，从英语教学实践出发所创立的一套较为完整的大学英语教学新模式。其教学目标是既要摆脱大学英语教学中长期存在的"哑巴英语"现象，也要减少学生口语练习过多挤占学生语言能力锻炼的情况发生。这也可使学生的英语听说读写特别是口语能力全面提高。同时，增强学生自主学习能力和合作学习精神，提高其综合文化素养，以适应我国经济发展和国际交流的需要也是本教学模式的一个根本目标。从这点来看，该模式在教学目标上与教育部所倡导的教改预期目标不谋而合。

从教学思想来看，大学英语多维交互教学模式，实质是多元教学理论的集合，其运用外语教学中的折中主义教学法，以科学的二语习得理论为指导思想，结合我国学生的学习条件和特点，并设计成为一种全新的大学英语教学模式。其根本思想是以学生为中心，以教师为主导，发挥师生双方在教学过程中的积极性，尊重学生的发展个性和语言学习规律，强调学生的合作学习精神的培养，促进学生的创造性和个性化发展。其教学理念是，通过以课堂上口语活动检查的形式督促学生在寝室（课下）预习课文，增加学生语言知识的输入机会，培养学生自主学习的能力;通过鼓励每一位学生课堂上下讲英语,增加学生运用语言的机会,克服学生不敢"开口"说的恐惧感,促进学生英语学习过程中正情感因素的培养;通过实施学生形成性评估与终结性评估相结合的学能评价体系,强化教学过程控制,鼓励学生以更大的积极性投入到课外口语交际中;创设优良的第二语言习得环境,强调学生语言学习的投入性,帮助学生在虚拟情境中获得更大的体验经验。

从操作程序来看,大学英语多维交互教学模式往往有着系统、连贯与科学的操作方法,旨在通过在教学实际中发现、确定问题,在教育学和二语习得理论的指导下做出行动研究效果假设性分析,在此基础上制订出研究计划和实施措施,付诸行动研究过程。大学英语多维交互教学模式各项行动计划的制定和互动措施的实施的出发点均为日常教学中出现的亟待解决的问题,是以问题为出发点,而不是以理论研究为出发点。在研究过程中,教师全面参与;在行动研究后,通过对教学实践进行反思、分析和研究来修正、改变研究计划和措施,并针对教学存在的疑难困境,从教育制度、社会制度方面进行探究,以期达到对现状不断改革直至实现教学目标。

政策保障来看,大学英语多维交互教学模式实施过程中,无论是大学英语教学部还是外国语学院,或是教务处、人事处、学工部和高教研究室等学校行政管理部门,都已经建立完善了一整套教学管理文件和奖惩措施,如课程考试体系、学籍和学分管理、教学考核规范、教师授课基本要求、教学督导制度以及留学生活动制度等,为本教学模式的顺利实施提供政策保障。在教学过程中,大学英语多维交互英语教学模式还借助于现代信息技术,特别是网络技术的支持,利用多媒体和网络课件以及语言实验室等现代化教学手段和校园英语文化建设使学生随时随地都能进行英语学习,打破了英语学习的时空限制。此外,各学院出于教学模式实施而设计举行的英语演讲赛、英语辩论赛和英语剧表演赛等英语活动，都为营造英语口语练习氛围，促进大学英语多维交互英语教学模式的开展起到了极为重要的作用。

（三）基于计算机和课堂的教学模式

《大学英语课程教学要求》中提出"基于计算机和课堂的教学模式"的新型教学模式，其更为"强调个性化教学与自主学习，并充分发挥计算机可以帮助个体学习者反复进行语言训练，尤其是听说训练的功能，结合教师课堂讲授和辅导，使学生可在教师的指导下，依照个人特点、水平、时间，选择合适的学习内容和学习方法，借助计算机，较快地提高英语综合应用能力，达到最佳学习效果"。当前，在教学实践中，基于计算机和网络等信息技术的现代化教学手段的运用却并没有带来预想的教学成效，其原因并不在于技术手段本身，而在于应用信息技术教学手段的思想理念的落后，影响和限制了其应有的作用发挥。尽管教学形式上运用了计算机、网络多媒体等技术手段，但其技术应用观仍具有客观主义倾向，即"认为技术在某些方面可以替代教师教学生学习。知识镶嵌在技术化课程中，技术能把知识传递给学生。学生的作用就是学习技术呈现的知识，如同教师参与知识学习。技术的价值便是给学生传授更多的语言知识"。因而可以说变成了是基于计算机的传统教学，根本没有发挥计算机的辅助作用以及和课堂教学的配合，也就不能实现应有的教学目标。而事实上，技术不是教师，更不能替代教师，它应该是教学的辅助手段，是支持教学的强有力的工具。其真正的作用应当是作为学习者思维发展和知识构建的参与者和帮助者，成为学习者的知识建构工具、信息搜寻工具、情景创设工具和交流工具等。

1. 新模式的主要内容及实施框架

这种新模式，仍然强调以学生为中心，其将建构主义学习理论作为模式应用的基础条件。这种新模式尤其强调学生完成对知识的建构，学习主要由学生自己发动，教师其实是促进者和协助者。该模式在运用信息技术的同时，也发挥传统教学的优势，特别是注重师生交流。新模式主要由教师辅导下的学生网络自主学习和教师课堂面授两部分构成。该模式下，"听"的训练主要在计算机网络自主学习中完成，辅之以语言实验室的听说课教学；"说"和"读"的训练既要在网络自主学习环境下进行又要有课堂教学，"写"和"译"的训练以网络自主学习为主；教师辅导内容应以督察督导学生独立学习的效果为主，并及时适应学生学习情况给予指导和帮助。在这种模式下，教师始终是教学的组织者，教学管理由教务处、教师和计算机网络自主学习软件来实现。

在调研中发现，当前国内70%以上的大学在英语课时分布上均为4课时制。如果用两课时进行传统课堂教学（或多媒体课堂教学），另外两个课时进行学生网络自主学习，那么教师会感觉没有足够的课堂授课时间对学生进行必要的知识讲解和组织学生进行语言实践活动。没有教师对课文中重点词汇的讲解和强化，学生是很难在词汇掌握上达到要求的数量和深度的；没有足够的课堂能力训练，特别是"说"的训练，学生无法达到规定的语言综合应用能力。从上述分析可以建议，在每周4课时基础上，每周安排两学时的学生进行课外网络自主学习。在这两个固定学时内，学生可以免费在学校英语网络自主学习教室进行自主学习，其他时间学生可以随时随地登录自主学习网站进行自主学习。每周4课时的课堂教学中，平均3课时用于对教材内容进行说、读、写、译的课堂训练，其余一课时则选择语音室重点来进行听说技能上的培养。

2. 新模式下网络自主学习措施的实施

（1）准备期工作。其时间段卡在网络自主学习开始前。教师必须做好四方面的工作。①思想动员工作。要告诉学生网络自主学习的目的意义，使学生明白通过网络自主学习可以根据自身的情况和兴趣实现个性化学习。②技巧教育工作。教师要和网络自主学习管理中心的老师教会每位学生具体的操作方法及网络资源的搜索和使用方法。③学习导向定位。要提出具体的自主学习目标和任务。④学习策略设计。教师要传授给学生具体的网络自主学习策略,包括制定自主学习目标、选择学习内容、安排学习时间、选择学习策略、监控学习过程、评价学习成果和改进学习策略等元认知策略以及在网络自主学习中提高听说能力的策略、单元预习策略和资源运用策略等。

(2)自主学习内容。教师可利用好每周两节的网络自主学习,学生要完成的主要任务应包括:网络学习课前预习和自学、听力训练、单元小测、其他相关知识和技能拓展训练。为了提高时间利用效率,学生也可以利用纸制课本来预习课文、生词和做课后练习。

(3)教师辅导策略。自主学习初始时,最好由任课教师进行跟班辅导。跟班教师要对学生进行必要的技术指导、知识辅导、自主学习策略指导和心理辅导。在自主学习开始阶段,一些学生心理上产生不适应和急躁情绪是正常现象。学生往往习惯于大学之前受教师支配要求的学习状态,如使其突然面对一种崭新的学习方式并要由自己来做决定学什么和不学什么,先学什么和后学什么,多学什么和少学什么,以及具体如何学习等,他们自然会产生不适应。故而辅导教师必须始终保持与学生的良性沟通或及时关注,能第一时间帮助他们分析问题的性质并加以解决。待经过几周的学习学生熟悉和适应了这种学习方式后,任课教师便不会常态化跟班了,这一任务将交由学校网络中心值班人员代替执行。

(4)自主学习的监管。在学生网络自主学习过程中,教师要坚持对学生学习情况的监督管理。①重视制度层面的执行监控,包括对学生学习时间的规定,对学生自主学习内容的规定和掌握程度的要求,自主学习在学生学期总成绩中所占比重（建议不低于30%）等。②突出对学生的督促和鼓励，包括任课教师要经常检查学生上网学习的记录反馈给学生，其中包括了学生上网时间、学习内容、任务完成情况、单元小测情况等内容。

3. 网络自主学习对教师的新要求

大学英语教学往往更加推崇对计算机网络技术的融入与应用，其中是将网络教学和课堂学习结合，要求教师转换角色，改变过去传统教学中老师满堂灌输语言知识，学生被动接受的局面，让学生成为学习的主体。教师角色是指教师在学校环境中形成的行为规范和行为方式的总和。多媒体教学模式引起了教师角色的改变，教师由传统的传授知识的权威角色转变为课堂活动的组织者、协调者，学生学习的帮助者、促进者。

首先，教师适应能力的培养。教师要想发挥新模式的执行优势，必须适应新的教学模式，必然要经历角色的转换，在教学中扮演起新的角色。教师要尊重学生，激发学生学习的动机和兴趣，引导学生改变被动的学习方式，鼓励学生形成个性化的学习方法。

其次，教师设计能力的提升。教师要不断变化教学方法，为学生创设良好的课堂环境。笔者认为，自主学习能力的培养需要教师为学生提供环境和背景，促使他们至少能暂时地为自己的部分乃至全部学习行为负责，促使他们更有可能实施自主学习。

再次，教师教学理念的更新。教师要准确定位教师角色。自主学习条件下的大学英语教师不再是传统教学中知识的灌输者，但也并非旁观者，大学英语教师在学生自主学习中扮演着重要的角色。

最后，教师教学策略的执行。教师要重视教学策略的审视与优化，并培养学生的策略使用能力。学习策略是指为达到某个学习目的而对学习进行的计划，也指为有效的某个学习目的而对学习方法进行的选择。

作为教师，要激发、灌输给学生策略意识，让学生了解，并在学习过程中确定并使用适合自己的学习策略。同时，教师应采用多种方法对学生进行策略培训，使学生养成良好的自主学习的习惯，从而逐步淡化学生的心理依赖，让其拥有更高的独立自主学习能力。

（四）大学英语教学模式的对比分析

传统教学模式，往往是强调教师的主体地位，多为讲授式教学模式，其教学理念具有客观主义倾向，认为教学就是将外在于学习者的客观存在的、非情境化的知识从上至下、推演式地讲授给学习者；关注事实、概念和技能的获得，强调内容和结果的评价，即学习者的学业成绩；将课程看作是静态的、设定的；在这种模式的教学过程中，教师是权威，拥有绝对话语权，学生是被动接受者，等待知识的灌输，师生关系是主宰和顺从的关系，缺乏平等、互动和对话交流。

从教学目标看，传统模式更为凸显对学生低阶素养的培养，有的教师描述为"运用低阶思维完成记忆任务、解决良构问题的心理特征"，"低阶思维是指较低层次的认知水平，主要用于学习事实性知识或完成简单的任务。"这严重滞后于时代对学习者的要求，随着时代的进步，低阶能力将严重制约和阻碍学习者的发展和对社会的适应。此外，传统模式更为强调知识的传授而忽视了学习的实践本质，学生学习循规蹈矩、缺乏主动性，自主学习能力差，"学"而无"习"，教学缺乏对知识的建构性、情境性和社会文化性等的认识和重视，导致学生在实践能力、探究能力和创新能力层面的表现不及预期。

从教学手段看，传统模式更多倚赖于以教材、黑板、粉笔加录音机的传统媒介形式。其教学组织形式和方法单一，基本上采用讲授式、"填鸭式"的课堂教学形式，使得学习过程变得枯燥无味，学生学习积极性不高，更谈不上现代化人才培养目标和学生的个性化需求的满足，教

第四章 跨文化大学英语教学的实践分析

学成效不佳:教学设计上程式化,强调教学过程的客观性和规律性,追求传授既定的知识,讲究序列化和线性化的设计过程,信奉普遍的教学设计应用原则。显然,程式化的教学设计忽视了教学活动本身的情境性、互动性和多样性的特点,也忽视了教师的创造性和灵活性以及学生的教学参与性的重要作用。在传统模式下学生的学习是机械接受型学习,是一种被动的、以占有知识为目的学习,抑制了学习者创造潜能的开发,学习自主性和创造性思维受限,学习能力培养堪忧。而传统模式下的标准化培养方式更是与现代化社会和知识经济对于人才个性化培养需求相悖。在教学评价上,传统的评价指标单一,强调内容和记忆,忽视过程、能力和个体差异,评价方法简单化,以纸笔测试为主要形式,以分数为衡量标准,忽视质性评价,评价重心偏重终结性评价和学习结果,忽视形成性评价和学习过程。总之,这种教学模式往往是脱离新时期很多教育理念存在,具有问题的局限性,当然这也是教学模式破旧立新的动力与需求所在。

从 2002 年开始,大学英语教育更加聚焦于教学质量,更加聚焦于实践价值。这也使得大学英语教学开启了新一轮的改革阶段,教学模式也在随着改革深入不断发生着变化,针对传统教学模式存在的问题,学者和大学英语教师们也都在不断探索尝试教学模式的改变。总体来看,对于新的教学模式改革的尝试都具有这样的一些特点和趋势:

第一,建构主义教学理念是基础理念。"建构主义也称建构——阐释主义,是反思、质疑、批判、超越和制衡客观主义而兴起的一种哲学观"。建构主义的课程观是开放和整合的,认为课程是动态的教学过程:其教学观反映多种观点、是以学习者为中心的,认为学生是知识建构者、运用工具的主动探索者,教师是合作者和帮促者,师生关系是民主平等、和谐协作和互动对话关系;教学评价重视过程、学习技能、自我探究及社会性和交际性技能。

第二，培养学习者高阶能力是核心目标。"所谓高阶能力，是以高阶思维为核心，解决结构问题或复杂任务的心理特征。具体说来，是指问题求解、决策制定、批判性思维和创造性思维能力，是学习高阶知识、发展高阶思维和实现知识远迁移能力"。运用高阶思维能力进行学习即进行有意义的学习，培养学习者的分析、评价和创造能力等高阶能力。

第三，推动课堂教学知行合一是主流趋向。即将理论知识的学习与实践结合，以促进和培养学习者的实践能力的发展。

第四，应用新媒体手段是主体选择。大学英语课堂更加注重多媒体、计算机及网络等现代化教学手段的应用。

第五，教学组织方法多样化是主流认知。英语教学要克服单一以讲授为主的班级教学形式，将多样化的方法融入各自的教学形式中，走向"例中学""做中学""探中学"等形式，拓展"自助式、讨论式、研究式"教学组织形式。"例中学"即通过一定的实例或案例让学生分析、模仿、学习。"做中学"即以活动任务或项目为目标，通过创设丰富的情境，让学生获得丰富的学习体验，在体验中学习；"探中学"即以主题、问题或专题为引导，让学生开展研究，从发现中学习。

第六，教学设计弹性化是生本理念践行。每个教师所面临的教学情境都不一样，对教学的理解也不同，同时都有自己独特的教学风格，因而教学过程应承认教学的复杂性和独特性，重视教师和学生的主体意义，充分发挥教师的创造性，灵活弹性地设计教学过程。

第七，多样化学习是主流倡导。与传统模式中学习者机械接受学习或灌输式接受学习不同的是，在新的教学模式变革中出现了多样化的学习，如探究式学习、协作式学习等，但核心可归纳为创新性学习，即以启发式教学思想为指导，鼓励学习者对知识的建构和追求对问题的创新性解决方案,培养学生的实践创新能力。

第八,注意对学习者的个性化培养和因材施教,在教学评价上也是以促进学习者发展为目的多样化的考查、评价标准和评价方法及形式。

八个层面的深入剖析,我们能够总结出传统教学模式下大学英语教学在教学理念、培养目标、教学手段、教学组织形式、教学过程设计、师生角色和关系以及教学评价等方面表现出的突破与优化需求。在经济、信息技术迅猛发展的今天,社会和时代对外语人才培养提出了更高的要求,传统教学模式表现出滞后,已无法满足全球化趋势下、人们内在主观交往诉求,在客观世界交往必然对于跨文化交流外语人才的急迫需求。而在这一点上,新的教学模式显然体现出了其优势,如以培养学习者的高阶能力为目标,重视学习者对知识的建构,鼓励学习者的主动探索和创新精神以及实践能力的培养等。这些都是大学教师未来英语教学的探索课题所在。

第二节 跨文化背景下我国大学英语教学现状

一、文化融入现状

中国的发展往往离不开与外界的联系,跨文化的常态化交际也是未来英语教学的导向所在。不少学者开始聚焦"如何让外语使用者掌握和了解语言文化以及在跨文化交际中实现有效的交流"课题的研究。在许多专家看来,外语教学不仅仅是语言教学,而且应该包括文化教学。在过去的几十年中,在英语教学中贯穿文化教学在我国已取得了一定成就。

然而这种成就的取得主要集中在目的语文化的教学上,母语文化即中国文化的教学几乎被忽略,导致了语言学习者对西方文化略知一二,但对自己的本土文化甚为忽略,更不用说用英语把它们表达出来,这导致了中国文化失语现象,给跨文化交际的顺利进行设置了障碍。

跨文化交际显然是差异化文化环境下的不同语言之间的思想、诉求交流。其属于双向的行为,文化输入和文化输出两者缺一不可。丁往道(2006)指出,多种文化相互碰撞的过程其实就是外民族文化的输入与本民族文化重构的过程。一味地文化输入会引起文化引入和文化侵略。在全球化的今天,一方面中国不仅要输入目的语文化,让中国了解世界;另一方面中国还要走向世界、让外界了解中国和中国文化,这是国际文化交流的需要,也是弘扬中华民族文化的需要。故而,大学英语教学必须要重视传统文化元素的引入,要强调母语文化与目的语文化的良性互动,这些都将对学生综合文化素养提高、跨文化交际能力培养产生积极的影响。

(一)大学英语课堂中国文化存在"失语"问题

传统意义教学模式的革新,更为注重在教学理念、方法和手段上的不断更新,大学英语教学取得了一些成绩。在这一过程中,广大的专家学者和一线的教师对英语教学有了更深入、清晰的认识。目前,英语教学既是语言教学又是文化教学的理念已经达成了普遍共识,得到了一致认可。课堂上已经改变了过去单纯讲解词汇、句型、语法的传统教学方法,开始把文化元素引入到英语教学中,取得了显著成绩。然而这种成绩的取得主要是集中在对英语国家文化的介绍和讲授上。长期以来中国文化并没有很好地与英语课程融合,导致教英语与秉持中国文化观念成了"两张皮",中国文化经常处在"失语"状态。

当前外来语言与文化的渗入,导致一些英美风情及习俗都成为国内的热捧,如情人节、愚人节与圣诞节等,甚至其比中国传统节日更受欢迎。如果课堂上让学生用英文介绍西方国家的感恩节(Thanksgiving Day)、情人节(Valentine'sDay)、圣经故事(Bible Story)、哈姆雷特(Hamlet)等,许多学生都能娓娓道来,准确说出与之相关的故事及来源。而问及中国的传统节日习俗、古代典籍、文学经典时,他们则目瞪口呆,说不出其英文名称,更不能用英文表达与之相关的诸如"压岁钱"(Lucky Money)、"贴对联"(Postthe Couplets)、"燃放烟花"(Set of the Fireworks)等词汇表达。至于中国的古代文学典籍,几乎没有学生能说出对应的英文名称。以上情况表明中国文化在英语教学中已被边缘化,这既影响了中国文化的传承和对外传播,又对学生跨文化交际能力提升产生了不利影响。

(二)大学英语教学制度存在"刻板"表现

传统意义上的大学英语教育当中,教师往往出于繁重教学任务的考量,并没有时间对课程进行更加灵活化的设计,只是主要讲述课内的知识点及词汇语法等知识,学生学习英语的目标也并非是为了更好地利用英语进行交流,而是单纯为了考取相关的英语等级证书,以及顺利地毕业,所以在学习过程中,并不具备对学习的热情,只是机械性地记忆,学生获得知识之后,也并未进行理解消化,没有机会得到实践应用,只是存在脑内,然后任其逐渐流失,被这样的学习方式误导,学生花费了大量的时间,却难以得到良好的英语学习成效,而由于学习热情的缺乏,学生自然不会意识到中国文化与英语文化融合的重要性,对中国文化的关心减少,其将国家的本土文化知识也丢在了脑后,这极容易减少英语学习的灵活性,导致邯郸学步,学不来真本领、丢掉了旧本领。

(三)大学教师文化素质存在明显缺位

教育的局限性很大程度上是教师素养的局限性。在我国的大学英语教育当中,英语教师的英语水平普遍比较高,但却并没有充分考虑到中国文化对于学生英语学习的作用，所以现在许多的大学英语教师普遍存在中国文化知识量不足的问题，但其自身却不以为然，主要问题是这些教师并未意识到，中国加强培养学生学习英语，是为了将自己国家的文化逐渐推广到国际，让自己的国家获得更好的发展，而并非不是将自己的国家与其他的国家同化，甚至失却了珍贵的母语文化，成为跨文化交际的迷失者。

二、价值观融入现状

美国著名教育家托马斯里克纳（Thomas Rickner，2002）认为："学术课程在价值观培养方面的作用是一个沉睡的巨人"，"如果我们不能把这种课程利用为培养价值观和伦理意识的手段，我们正在浪费一个大好的时机"。许多美国高校都认为美国社会的核心价值文化应该体现在整个课程设计中。虽然核心课程是实施主流价值观教育的场所，但把主流价值观教育融汇进各学科和各课程教学中同等重要，因为它们是本科教育的主要渠道。就当前的大学英语教学而言，即使是在知识和技能的传授过程中，各种西方的价值观也会扑面而来，从某个单词的理解到某个表达的含义，从一句话的潜台词到整个语言表达的形式，无不体现着价值观念和文化差异。现代英语教育中，差异化价值观的融入导致许多大学生对于文化差异不能理性看待。学生面临这些语言学习中因中西文化不同而引起的价值观差异，其心理上或好奇、或迷惘、或排斥、或接受、或融合、或无所适从，教学行为往往导致中国文化的淡化与西方文化的强化。故而，这时候老师对学生进行价值观理解上的明示和指导是必要的，也是有效的，在英语教学中出现中西价值观的冲撞，恰恰是我们把语言教学和文化教学有机结合的最佳奇迹。所以在语言教学的同时，分析产生中西价值观念差异的原因，并且在两种不同价值观念之间进行跨文化的理解，并把这种跨文化的理解传授给学生，就可以使学生面对新的文化冲撞时，避免在文化价值观上的片面和过激。

三、思维方式融入现状

所谓思维方式就是指人脑对客观事物概括的和间接的反映，是思维主体处理信息及意识的活动。思维通过语言外在表现于人们对客观事物的认知、评价和总结。现实交际中，由于不同国度不同人种，其文化背景、民族心理、社会经济发展方式存在差异，因此其思维方式必然存在明显差异。语言是人类交流的重要工具，人们总是通过语言保存和传递人类的文明成果，反映民族的特性和内在心理。由于不同民族的思维方式存在着差异，因此，其语言的表现形式也往往存在着不同。这一点在中英语言中表现是比较明显的。

（一）中西思维方式下构字构词上的差异

从理论上来讲，中国与西方在思维方式上存在极大差异。中国人由于属环式思维，重整体，喜感性，因此，中国人喜欢用具象形式表达某一事物，在构字上其偏旁一般就标明事物的种属或类属，一般能见行而明义。如：吃、喝、咬等字，一看就知道其反应与"口"有关的行为。在构词上，以一词为核心就可以表达多种与某一类有关事物的名称。如"车"一族，无论公共汽车、班车、轿车等，都可以用"车"加以表达，其词族体系十分明了。另外存在一词多用。如汉语中的"唱"的概念则一字多用，无论你唱，我唱，他唱，此时唱，彼时唱，词形如一，毫无变化，它们合而为一，界限模糊，所以具有不同人称、时间、复数的"唱"在形式上完全相同，没有区别。而英民族由于属线性思维，重分析，喜理性。因此，没有从整体上以事物的联系来命名的习惯。其在构字、构词上，"缀合法是主要的构词法，即以一个个词干为核心，前后加缀，通过第一层前后缀，还可以在这个词根基础上再加前后缀，呈核心扩散的样态构成一组相关的词，没有从整体上以事物的联系来命名的习惯。比如种类繁多的汽车，在英语中一种车一个名称，car，bus，lorry，jeep，taxi，dumper，am-bulance，各专指某一种车"。另外，在英语上要达到"唱"的多用，还需要在一词中加以词语的后缀，如 sing，sings，singing，sang，singer。

（二）中西思维方式下语言构句的区别

中国人环式思维重整体、喜感性的特征在语言的构句上也有反映。在语言上强调意念流，只要能够表达"意"，词的形式无关紧要，词语之间关系常在不言中。如"小桥流水人家"这句诗没有一个谓语动词，但其所描绘的意境是回味无穷的。而英民族由于属线性思维，重分析，喜理性。因此，英语往往要通过一个清晰合理的词形和语法，来表达一个清晰合理的思想，具有严格和规范的语词系统。十分强调形合，其句子原则是主语和谓语缺一不可，其依据是"主项和谓项才构成一个完整的命题"的形式逻辑观点。如：

Many authorities who deplore the trend toward selfworry about the future. Harvard sociologist Riesmansays: "When the movement looks the strongest, thatusually means it is about to fail.But because of the in-dividualistic nature of this movement, it is hard to seehow it will fail."（CD.McQuade，Popular Writing in America）

这段话中指代、从属、转折和因果关系的信息是借助词汇手段来实现的，充分表现了英语句子结构完整，主语和谓语不可或缺，句际之间的逻辑层次环环紧扣，严谨分明。另外，在句子结构上，中英语言还存在倒装句、句子顺序、句子主题位置等方面的不同。

(三)中西思维方式下语言词义上的不同

中西思维方式的差异对语言的影响,还体现在中英语言的词义存在明显不同。例如,在人物的称谓上,在汉语中,"老师"一词可表示两个意思:一是作为称呼语使用,二是表示职业。"老师"既可表示学生对教师的尊称,也可指年辈最尊的学者。在"老师"前面加上一个"姓",就表示是"某某老师"。而英语对应的词"teacher"仅表现为一种职业,不是称呼语,更不是尊称,因此在英语中绝不会出现"teacher+姓"一类的用法。"政治"一词在中国语言中多为褒义词,人的政治身份代表着一定的道德水准,而在英语中"politician"仅指一种职业,如果是"politics"则与"虚假""宣传""权术"等词义有关,属贬义词。

中西思维方式存在的明显差异而导致的中英语言上的不同特点,显然对中国学生学习英语产生深刻影响。一个学生如果不能正确地理解中英语言思维方式的差异,不能从这种差异中把握好中英语言的特点,较好地实现思维方式的转变,就很难学会、学透英语语言。

第三节 跨文化大学英语教学的现实桎梏

从我国过去几十年英语教学理论和实践中我们可以看到,跨文化英语教学往往将语言知识教学词语分析、语法讲解、句型学习等作为学习主线,而对语言外或超语言的文化因素却没有给予足够的重视。这在一定程度上是由于人们受到"语言工具论"思想认识的影响,习惯把语言仅作为一种符号来进行传授。在这种轻文化重语言的英语教学思想的背景下,大学英语教学一直把培养学生的"纯语言能力"作为主要的教学目标。在大学课堂上，不少教师教学仅仅拘泥于语言的传授，而淡化了语言的另一个表意功能，即对文化的表达。

全球化带来了文化多元化，也对教育领域造成极大的发展推动。当前跨文化教学理念已被越来越多的英语教师所接受，可以说，教师已经普遍认识到跨文化交际知识和跨文化教学的重要性，并普遍认为语言技能训练与文化知识学习同等重要，认识到英语教学不仅仅要培养学生的语言能力，更重要的是培养学生的跨文化交际能力，语言技能和文化技能的完美结合才能使跨文化交际中的语用障碍和语用失误最大程度地得以避免。但认识归认识，大学英语跨文化教学的有效实施并没有真正得到落实。教师和学生认识上的差距，教学目标、教学内容的制约等因素，这些都造成了跨文化英语教学变得凌乱而低效。

一、理论指导层面的支持不够

当前中国英语跨文化教学依然处在多元、无序状态，其大多缺乏宏观的规划与指导，还未形成具有中国特色的英语教学理论体系。以引进为主的英语教学理论中有些研究并没有与中国的英语教学实际紧密结合，无法真正指导中国的英语教学实践。管理层面上，有关领导、教育行政管理部门、从业人员还存在轻视英语教学理论的指导作用的现象。专家的意见和建议很少得到充分的重视和肯定。有些课程标准的设计、教材的编写、评估标准的设定并没有统一而标准的科学理论作为指导。长期以来，我国国家教育部制订和颁发了各级各类为数众多的英语教学文件和大纲，不过大纲里关于文化教学与语言教学的比较没有提及，更没有对文化教学标准、内容、方法和测试与评价进行过系统论述。在没有大纲的约束和指导下，教师只是凭着个人兴趣在时间允许的范围内零星给学生介绍一些文化知识而已，距离真正的跨文化教学相去甚远。

二、教师素养层面的支持不足

跨文化教学的高效运行离不开教师的参与。教师作为学生获知的智慧主体，其知识结构、教师对文化和文化教学的态度都关系到文化教学的成功与否。教师对英语文化教学的不同理解，都与其具体的文化教学行为（如教学内容、教学方法的选择）等有着直接的关系。在具体教学实践中，教师必须有意把文化信息的渗透与语言技能的教学紧密地结合在一起，在帮助学生学习和掌握语言技能的同时，还应积极地引导学生自觉了解和适应目的语文化，逐步加强学生对英语等语言的理解与分析、学习能力。

英语师资质量的高低是跨文化英语教学质量的决定性因素。当前我国英语教学的社会环境条件下，学生通过英语教师获得英语能力是其英语学习的主要途径，有时甚至是唯一的途径。所以，英语教学不同于其他学科的教学英语师资的质量在很大程度上决定了英语教学的质量。由于我国英语学习者人数众多，优秀英语教师一直处于短缺状态，教师整体质量不容乐观。就大学英语教师而言，教师学历结构严重偏低，已经成为制约跨文化英语教育的普遍瓶颈。可以说，从大概率来看，尤其是高职一类的大学英语教师，无论是专业水平，包括语言知识、语言应用技能、跨文化交际理论和教学法知识等，还是教学理念和教育观念，都不能适应现代英语教学的要求。故而强化英语教师的专业素养势在必行。

三、教师跨文化教学认知的滞后性表现

（一）认识理解不到位

现代大学英语教师对文化知识对学生跨文化交际能力的提高的帮助作用并没有深刻的认知。而比较欣慰的是教师已经认识到文化知识的学

习及文化教学在英语学习中的重要性，认识到文化知识对学生跨文化交际能力的提高起着重要的帮助作用。总体来说，教师们已经达成共识，认为跨文化交际能力的培养在英语教学中占有重要地位。愿意采用各种手段和材料进行跨文化教学。不过可惜的是一旦进入教学实践中，教师会自然地将这些认识和理解甩到脑后，还是回归原始模式进行语言教学。

从多项调研看，有不少教师对跨文化交际知识和跨文化教学的认识程度较深，他们大多认识到跨文化交际知识和跨文化教学的重要性，并普遍认为语言技能训练与文化知识学习同等重要，但认识与教学实施与实践存在严重脱节现象。可见，教师大都理解和支持在英语教学中进行文化教学和跨文化交际能力培养，但是他们对跨文化英语教学思想理解不够透彻，担心会因此增加学生和自己的负担，而且难以保证自身跨文化英语教学的基本效果。

很多教师并不能在英语教学中将语言与文化二者统一起来。在访谈过程中，笔者看到教师往往在仅有的4节课时中完成既定授课内容相对困难。尤其是有的教师反映，每一单元的授课内容需要两周（每周4学时）的时间才能完成，教师感到在规定课时内完成语言教学任务，已经很难，如果再增加文化内容，就更难上加难，因而就忽视了对跨文化交际的能力训练。教师在实际教学中对文化知识的教学实施并没有与对文化教学重要性的认识同步，文化教学时间占有不足，进一步证明认识与实际存在脱节现象。教师们依然是将语言教学列入课堂的核心环节，跨文化教学名存实亡。

还有一点，当前大学教师对文化教学的意义和目的缺乏全面足够的理解，这些都降低了教师教学方法应用的均衡性与灵活性。教师依然我行我素，采用传统僵化的教学思路与方法，单一现象比较严重，不利于调动学生的学习兴趣和积极性。教学时间安排的不合理性，使文化教学完全成为语言教学的可有可无的附属品。

(二) 文化概念理解有差距

现实中很多教师无法在英语教学中做到跨文化，很大程度上是由于跨文化教学在考核机制中的缺失，教师在文化概念的理解上存在明显缺位，而学生对跨文化教学的认识欠缺、文化意识薄弱，学生对文化教学忽视，兴趣度降低。

教师在跨文化教学层面很少参与系统的文化培训和学习研究。在他们看来，认为文化包容一切，或者在课堂其往往是列举一些易于观察、易于捕捉的文化现象，至于深层次的文化信息如思维模式、价值观念等，教师们常常忽略不计。这种片面、肤浅的文化理解大大妨碍了文化教学的深入开展。根据前面调查数据及访谈分析可知，教师对学生的培养内容、课程设计缺乏计划性、系统性。教师基本上是根据个人兴趣与时间各自查找、补充相关文化信息。教师对相关跨文化知识的教学材料的分类和理解各有不同，对教学内容缺乏统一认识，缺乏统一的或集中的讨论和总结。多数的文化教学是以背景知识介绍的形式进行的，文化被当作是静止不动的知识和信息传授给学生，文化教学处于可有可无的状态，教师完全随心所欲地对待文化内容。这使得文化教学依附于语言教学。有些教师进行文化教学完全是为了引起学生注意，而不是为了文化教学本身，故而，教师们文化教学并没有按照标准规定进行精准设计，看似丰富多彩，实则与语言教学的本属要求始终难以协调一致。

教育部明确要求，大学英语教学要注重培养学生的综合文化素养。不过关于文化教学方面，却并没有可与语言技能教学相比的具有可操作性的完整体系作为指导，其仍处于盲从状态，严重影响了跨文化英语教学的实施。很多大学英语教师没有充分认识到跨文化教学的重要性，还是把教学的重点停留在词汇、语法和句型等语言知识层面。由于教师本身的跨文化交际知识储备不足，且大学英语教师的跨文化教学意识太过于淡薄，英语教学中的跨文化教学始终处在不温不火、效果平平的状态。

还有就是，研究认为当前英语教学对于学习者固定化的目的与文化认知的改变处于艰难阶段。当前，大学生们的社会文化能力与交际能力远远落后于他们的语言能力。现有的教师、使用的教材和采用的教学方法都根本满足不了跨文化学习的需求。教学中所进行的缺乏代表性的对目的语国家的文化导入也根本做不到去矫正学习者原有的对这些国家的认识和了解方面已经形成的成见。内容偏狭的文化导入与文化背景知识介绍难以提高学生的文化敏感度，对学生客观公正地认识和了解目的语国家文化现象的引导显然不足。

从以上可以看到，当前大部分教师对文化知识的学习、对文化教学的重要性、对学生跨文化交际能力的培养有所认识，但教师教学理念陈旧、自身文化储备不足、对文化内涵的理解、对语言与文化的关系、语言教学与文化教学关系的理解还不够深入，教师文化培训欠缺，文化教学尚处可有可无、文化教学内容不够明确的盲目状态，教学方式方法又落后、单一，大学英语跨文化教学的现状令人唏嘘。

（三）跨文化内容地位的缺失

培养学生的跨文化意识和跨文化交际能力，不仅需要学习者在本族文化和目的文化之间建立起一种相互比较、相互对照的关系，而且要求学习者对这两种文化之外的其他文化有所了解和体会。在以英语作为国际通用语进行教学的情况下，让学习者接触和了解其他文化更加必要。遗憾的是，现有英语教材中很少有涉及英国和美国之外的其他国家的文化内容，更不用说将文化普遍规律和培养跨文化意识和能力的内容和活动列入教材。没有充足、令人较为满意的文化教学材料是我国大学英语跨文化教学中的突出问题之一。教材成为教师教学和学生学习的主要依据和向导，更是中国学生的依靠，解决现有教材存在的问题是实现跨文化英语教学目标的关键。

调研显示，教师们对教材中文化含量的认识众口不一，评价标准各有不同。但总体来看，教师还是认为教材中文化内容较少。目前英语教材呈现下述特点：

（1）教材质量参差不齐。我国目前使用的英语教材中的文化教学内容的组织编排缺乏系统性，辅助文化教学材料如系列文化导入教材、相关的有声资料、参考资料在中国市场上也不多见。词典等参考资料上，文化释义呈现不足。

（2）中国文化融入不足。教材中有关中国传统文化的内容极为少见，严重影响了学生文化平等意识的建立和文化鉴别能力的提高，也势必影响中国传统文化的世界传播。

（3）英语文化融入不够。教材中说明性和科技性较强的文章所占比重较大，涉及英语文化，尤其是关于英语国家精神层面的文化材料，如价值观、思维模式、民族心理、伦理道德等较少。学生对异族文化的行为准则缺乏了解，必然会影响跨文化交际能力的培养。

（4）语言文化结合不紧。当前大学英语所使用的教材大都突出语言能力的培养，相关文化背景知识通常让学生课前或课后自己阅读。以文化为基础的语言教材在中国极为少见，即使有，也由于教材所设计的教学活动以语言学习为主，而使文化教学的价值大打折扣。虽然为了达到英语交际的目的，各种各类的英语教材都在努力以功能或情景为主线将异族文化信息加以呈现。但"这种旅游式的文化内容"呈现在广度上和深度上都必定有限。旅游者通常只触及文化冰山的一角，没有文化冲撞的体验，就无法培养学生对其他文化的积极的态度和文化相对论的思想，满足不了跨文化英语教学的需要。学习者只有了解目的文化的各个方面、各个层次，并不断反思本族文化，才能实现提高跨文化交际能力这一教学目标。肤浅、狭隘的文化介绍反而可能会导致部分学习者对英语文化产生不正确的联想，导致其文化认知的失准。

四、传统中国文化价值缺失

目前来看，中国英语跨文化教学必须注重两大重点。一是加强目的语文化和母语文化的学习；二是注重学习以目的语表达目的语文化和母语文化。鉴于文化交流的双向性，英语学习也必然适应这种形式，定位为"双语文化的交叉交际"。如果对对方文化缺乏了解，或由于不会使用英语进行文化表述，这种交际就会出现失误甚至中断。

我们可以看到，近几年目的语文化教学在众多高校的跨文化教学中占据主导地位，目的语文化、目的语传统习俗和交际技巧不同程度地得到传播和学习，可惜的是母语文化和母语文化正迁移的作用及意义却遭遇忽略。这种跨文化教学模式使跨文化交流的双方失去了平衡。

如上所述，在我国的英语教学中，母语同英语教学一直是各行其是，互不干涉。英语教学界没有认识到母语文化在英语教学中的地位和作用，母语文化教育严重缺失。可以说，"中国文化失语症"现象是现代英语文化教学的瓶颈所在。中国文化知识的不足制约着学生跨文化背景下交流的顺利进行。目前，在英语教学中普遍存在着一些问题。如当前的大学生在跨文化交流时，他们虽了解一些英美文化，但对本国文化的表达和介绍时却显得力不从心，无论是口语表达还是书面表达都无法在更广泛、更深刻的层次上做进一步交流。

"中国文化失语症"会给跨文化交流带来巨大的负面影响，最直接的危害是阻碍跨文化交际的顺利进行，由于我们无法用英语向对方介绍与我们文化相关的一些内容。另外，我们会失去很多向外传播中国优秀传统文化的机会。如果在跨文化交际中，我们对自身文化发生失语现象的同时，却又一味地去迎合异族文化，没有了自我，其结果必然会陷入文化认同危机，而最终被强势文化所同化、吞噬。另据"中国青年报"社会调查中心一项调查显示，在美国互联网界域进行查阅关于中国的信息不足1%。如此看来，世界范围内的信息交流存在极端不对等性，这种不平衡的信息交流势必会助长某一方的文化霸权意识使弱小方蒙受"文化侵略"的危机感。

同样地，在我国的英语教学中，英语教材中的西方价值观占主导地位中国传统文化内容严重短缺。英语作为西方文化的载体自然体现西方的价值观念和意识形态。以西方文化为主体的文化教学忽视了中国文化世界传播的重要性和必要性，不利于学生跨文化交际能力的提高和跨文化交际的有效进行。

故而，我们要实现辩证评判异国文化，正确地欣赏和理解文化。单一地吸收和肯定或否定的态度都是不可取的。只有在正确的价值观和世界观的指导下，在深厚本土文化的基础之上学习、体验、对比、鉴别母语文化与目的语文化，才能正确理解、评判异国文化，才可能在跨文化双向交流上实现相对平等。

五、学生层面的缺失

在现代大学英语教学中，大多数情况下教师是教学的主导，起着引导、指导的作用，而学生是学习的主体，在众多影响英语学习的因素中，学生是事关英语教学效果的内因，是学习成败的决定因素。学生的学习态度和动机决定了学生是否有积极的学习行为。

（一）文化学习概念认知模糊

关于文化学习的内涵及定义，大多数大学生表现出认知上的肤浅化，且缺乏评判意识。同时，在绝大多数大学，文化内容基本不作为考试内容，一部分学生学习英语是为了应付考试和为出国创造条件，并不是日常生活的积累或者兴趣使然，更谈不上为社会的进步和发展尽义务、做贡献。可以说，学生学习英语的功利性程度太高。

另外，很多时候就业需求成为了学生参与学习的指挥棒。当前，许多企事业单位在招聘人员时往往把是否通过大学英语四、六级考试，是否拥有四六级证书作为考核学生英语水平的标准和录用与否的重要条件之一。这就使得影响日益扩大的四、六级考试成绩似乎成了衡量学生英语水平的唯一标准。学生对文化学习的重要性认识不足。我国大学生的学习目的往往与功利性要求紧密相连。

（二）主动意识能力不足

英国语言学家韦斯特（D. Weist，2006）认为，现代语言教育在学生兴趣与主动性方面是较为缺乏的。回到现实，我们也能看到，当前不少大学生不能正确对待文化之间的差异，对文化差异缺乏正确的认识，缺乏跨文化交际意识，不能主动自觉地接近、了解异域文化，文化学习缺乏主动性、自觉性。当然，当前许多大学生除课堂学习之外还可以通过多种渠道和途径开辟课外阵地，自主学习跨文化知识，提高跨文化交际能力。一般地，学生可以通过课本教材、新闻报纸、文学书籍、光盘和课堂教学等获得英语文化，同时常常通过网络资讯和电视节目获得英语国家的文化知识。不过这也说明学生对于英语文化知识的学习缺乏自主性，同时学生文化学习的途径太狭窄，接触外国友人的机会太少，没有形成良好的文化学习氛围与机制。由于长期传统教学模式的影响，很多学生过于依赖英语教师，缺乏学习的自主性和目的性，课堂上习惯于教师的灌输式教学，缺乏互动意识。课外也不能够主动学习扩展知识，探索与创新无从谈起。

第四节 跨文化大学英语教学的问题寻因

李少华等学者在对跨文化教学的重要性程度对大学师生展开调查，发现普遍存在教师能力不足、学生认识不到位的问题。在实际教学中，教师们很少甚至有的教师基本不涉及文化内容，中国文化的导入则更少。英语教师们这样做，受到主客观各种因素的影响。随着我国综合国力和国际地位的提高，我们国家的国际交流与对外宣传工作日益广泛，国际交流中用英语来表达的需求越来越迫切。而大学英语跨文化教学问题重重，已经严重影响了我国对外交流政策的有效实施，必须引起高度重视，深入挖掘现存问题的根源，认真分析研究，找出症结所在，从根本上削减跨文化教学中产生的制约性因素。

一、英语教学层面

（一）教学理念偏颇、文化教学缺失、内容选择失衡

1. 教学理念偏颇

跨文化交际往往是随着政治经济等方面交流的需要而产生的。经过几十年发展，我国有关跨文化教学的理论研究和实践探索得以日益丰富。但由于世界各国跨文化教育发展的基础和环境不尽相同，与欧美国家相比，我国跨文化英语教学研究和实践还刚刚起步，在研究深度、广度和系统性上明显不足。这一结果的主要原因在于我国没有重视跨文化英语教学的政策导向，有关跨文化教育的内容在教学大纲、教材、教法、测试等各教学环节基本缺失。教师只是凭借自己的理解，或多或少地向学

生介绍一些文化背景知识，文化教学完全缺乏指导、不成体系，这种肤浅片面的文化教学或许会在某种程度上起到提高跨文化交际能力的作用，不过很多情况下反而会致使学生对文化产生狭隘、僵化的理解，甚至对异族文化产生偏见。

在大学英语教学活动中，不少文化教学者都在教学层面产生一些困惑，影响了英语文化教学落实到位的要求。首先，教师自身文化培训与文化体验严重不足，文化意识淡薄，致使教师的文化知识严重短缺，所掌握的文化知识也只是星星点点，不成系统。其次，教师本身是传统英语教学的产物，其所接受的教育的思想观念根深蒂固，他所接受的只重视语言形式的教学方式和理念自然会在他自己的教学中体现出来，这是教学理念偏误的具体表现。课堂教学中，教师很少教授语言的语用规则和交际技巧与技能，对英语文化知识的介绍也不成体系，没有条理，只是点到为止；甚至有些教师对交际中的语言的得体性缺乏足够的认识，对社会环境等重要因素对交际、对学生能力素养提升的价值尚未引起足够关注。

2. 文化教学严重缺失

从研究重心来看，我国英语教学始终放在对语音、语法、词汇的讲解、句法与语篇结构分析等语言知识体系方面的知识传授上，各种评估与测试也都相应地以此为中心进行。由于受许多语言学理论如传统语言学、结构语言学、转换生成语言学等的影响，我国大学英语教学界也把语言本身作为自己的研究的对象认为培养和提高语言能力就是大学英语教学的终极目标，因此确定了语言知识体系教学的培养模式。多年来每当谈及大学英语教学，人们就会自然而然地想起语音、词汇及语法等方面知识的传授，关于大学英语教学要培养学生什么能力，人们就会说出"听说读写译"五项基本语言技能的培养和训练，文化知识的传授和文化能力的培养几乎不被人提起,即使是被提到,也只是放在次而又次的位置,不受人重视。各种考试中,强调的都是有关语言形式的正确性和流畅性,而对交际中起着重要作用的社会文化因素与语言运用的得体性、有效性却被忽略掉了。语言形式内的文化内涵得不到挖掘,交际规则得不到运用,单纯的语言知识的学习和语言技能的培训就如同无水之鱼,尽管有所动静,但其始终处在挣扎状态,英语教学目标始终难以彻底完成。

从三年级开始,我国英语教育体系覆盖了低中高三段。但即便到了研究生阶段,衡量学生英语水平的办法依然是考试得分高低是英语水平高低的唯一标志。用考试来评测学生水平的高低倒也无可厚非,问题出在考试的方法和考核的内容上。由于在家长、在老师、在世人的眼里高分代表着好学生,高分代表着高水平,学生在英语学习中,常常抛开了语言学习的特点,抛开了语言中蕴含的文化内涵,围绕考试题型,专门研究语法、词汇、语言点等考试必考项目,慢慢地,分数上来了,教师和学生都满意了,学生却张口闭口都说不出英语了,即使个别学生能说得顺畅、流利,也难以保证其得体与效果,无法断定其跨文化英语教学的有效性。不见得用得得体、有效,能否顺利地进行跨文化交际也未可知。

3. 中国传统文化教育欠缺

当前,我国的英语教学大纲是英语教学与测试的主要内容依据,不过其只设有词汇表、语法项目表、功能意念表以及语言技能表等项内容,却没有文化项目表对文化教学内容和文化测试做出规定、提供依据。这使英语教学内容的选择受到了很大影响。也因为如此,英语教学中语言教学长期独霸一方,文化教学始终处于被忽视的状态。

近年来,我国英语教育界逐步有声音来支持文化教学,有的主张"文化学习必须融入到语言学习当中"。人们对文化教学的认识有所增强,教学中文化教学内容有所增加,但注重介绍的都是目的语的文化知识,侧重强调英语学习中的母语负迁移，极少涉及中华优秀传统文化。而本族文化的学习与掌握会积极地促进对目的语文化的学习，学会用英语表达本族文化有利于本族文化的对外传播。目前，又出现一个新问题，就是英语文化教学中对目的语文化强调过多对中国传统文化重视不够忽视母语及母语文化的正迁移作用，产生了文化"逆差现象"，中国传统文化教育欠缺，如此一来，"中国文化失语症"现象的发生也便在情理之中了。

国家对外政治、经济、科技、文化方面的合作交流，为大学英语教育提供良好的挑战与机制在。在中国文化地位日益提高的背景下，中国不仅要输入文化，还要把中国文化传播到世界各地。这就要求英语教学重视和满足中国文化的输出需求，在中国文化英语教学方面有所作为。然而，事实是，实际英语教学实践中中国文化的重要性并没有得到英语教学管理部门的重视，有关部门并没有起到积极的导向作用。教学中，一些英语教师没有把中国文化纳入文化学习内容范畴甚至还有教师在对比中西方文化时总是戴着有色眼镜、不无偏见地去赞美西方文化，贬低中国文化。这种做法违背了大学英语教学要求，会对学生文化素质培养产生负面影响，也导致我国学生运用英语对母语文化反向认知难以精准到位。

（二）教学目标模糊不清

教育部新颁布的《大学英语课程教学要求》在教学目标、内容、方法、模式、手段、考评以及水平定位等方面与以前的教学大纲相比有了较大的变化。《大学英语课程教学要求》指出，大学英语教学应以培养学生的英语综合应用能力为目标，使学生能够在今后的学习、工作和社会交往中使用英语有效地进行交际，但对"学生的英语综合应用能力"要达到什么程度，怎样才算是"有效地进行交际"并没有明确的阐释，仅仅是相对模糊的概化的陈述。

第四章 跨文化大学英语教学的实践分析

《大学英语课程教学要求》将大学英语教学目标分成三个层次，即一般要求、较高要求和更高要求，也是旨在引导各高等学校根据本校实际情况以这三个要求为参照标准制定符合本校实际的大学英语教学文件。而教学实际表明，大多数高校由于种种原因根本不可能根据本校的实际情况制定自己的教学要求。学生对英语并没有现实的需求，也无法预料毕业后从事什么样的职业和该职业对英语能力的具体要求，因此也不知道究竟为自己设立一个什么样的英语学习目标。而现实的要求却是在一年或一学期后参加英语四、六级考试。因此许多大学生最终就只能把通过英语四、六级作为大学英语学习的终极目标。前面的数据统计分析显示有些学生学习英语的目的仅仅是为了通过英语考试取得文凭。由此来看，学生并没有厘清英语学习的主体目标及整体要求。

从决策层来看，有部分大学领导甚至难以将英语教学跟本校人才培养总纲统一起来，很多学校的领导也没有把英语教学与本校人才培养的规格和要求有机地融为一体，而是把英语教学作为独立于其人才培养体系之外的一种额外要求，因此没有也不可能对本校的英语教学作出准确的定位。这也导致部分大学英语教师只是模糊地知道课程标准的要求而对具体的要求并不清楚，只能把教材内容作为教学的主要目标没有明确的教学理念，教学目的不够明确，处于盲目的状态。有的老师甚至直接把四、六级考试作为教学的目标。正如束定芳、陈素艳（2004）所说，"我国大多数高校的大学英语教学定位是模糊的"。跨文化交际能力的培养则更没能提到日程上来。作者在对教师进行的访谈中发现，受访的八名教师中竟无一人能明确说出跨文化交际能力的概念，至于跨文化交际能力的内容也只是从对文化的理解谈及文化习俗、风土人情等，也更难以将跨文化交流的基本素养要求纳入大学英语教育总目标中。

(三) 教学方法滞后，策略运用欠佳

1. 教学方法陈旧

文化教学需要大学英语教师结合本地实际提出更为高效的教学模式。但通观全国，传统语法翻译法和交际法相结合的教学方法虽然普及率较高，但其并没有与本地实际及英语文化产生较大联系，在一定程度上妨碍了文化教学的开展。

首先，教学方法较为单一。教学中，学生的主体作用和学生自主学习的程度呈现不够，学生合作学习的能力不强，很大程度上还停留在教师讲，学生听，教师放，学生看的层面。课内教学向课外延伸的语言交际活动开展不足。近些年来随着英语教学理论研究的深入开展，研究水平不断提高，新的教学方法不断被推出现，并被英语教学所接受，许多大学英语教师认识和了解了交际法、认知法等一些新的教学方法的价值并逐步尝试使用，不过显然新的教学方法的应用还很有限，传统的教学方法仍占主导地位。教师们在教学内容中补充的相关跨文化知识或许会起到一定作用。不过，学生跨文化交际意识总体较弱，跨文化交际技能很欠缺，说明教学没能完成跨文化教学的态度、能力目标。学生无法从些许的跨文化知识中感受到跨文化交流的意义。

其次，如上所述，大学英语教学中，语言教学依然占据绝大多数时间，语言教学仍是英语教学的主题。教师仍是课堂教学的中心，师生互动交流很少，内容主要集中于强调单词、语法和句子结构等方面的语言知识，文化因素没有得到足够的重视，教学中以教材为中心忽略正确引导学生通过广泛课外阅读获取跨文化交际知识扩大知识涉猎领域，"一言堂"、灌输式的教学导致英语课堂沉闷无趣，学生英语学习的兴趣日渐丧失。久而久之，学生、教师相看彼此都感觉索然无味，必然导致学生在跨文化交际能力培养上产生抵触心理，导致教育效果的下降。

2. 教学策略不合理

教学策略能否良性执行，其制定的合理性是关键前提。教师不能够成功地把最有效的学习策略、学习方法传授给学生是教学策略不合理的一个突出的表现。如果学习者采取的行为或行动能够使他的语言学习更加成功、更加具有目的性，让他感觉更愉快，那么这种行为或行动就被称为"语言学习策略"。把学习策略分为两大类、六小类。两大类包括直接策略和间接策略。直接策略又可分为记忆策略、认知策略和补偿策略，间接策略可以分为元认知策略、情感策略和社交策略。教会学生掌握良好的学习方法、培养学生良好的学习习惯、掌握卓有成效的学习策略是使学生学会学习、提高学习效率、提高教学质量的关键。有研究表明成功的学习者都善于运用和总结各种学习策略。到了大学之后，学生都具备了很强的学习素养，如果教学策略得当科学，那么能够较好地运用学习策略的学生不在多数，很多学生并不知道什么样的学习策略能够帮助他们学习，故而学生学习成果的匮乏，主因在于教师设计执行教学策略的局限性。

（四）语言交际环境的匮乏

从分类来看，文化学习环境包括自然环境和构建环境两种。自然环境所指的是学习者目前所处的社会大环境，构建环境则聚焦学习者接受教育的课堂小环境。

我们都知道，英语教学可分为 ESL（非母语英语课程）与 EFL（作为外国语的英语）。二者之间主要区别在于语言环境的不同。ESL 指的是在目的语言、社会和文化环境中的英语学习，如亚非移民在美国学英语，学习者周围有众多使用该语的本族语使用者。因此学习者除了课堂英语学习之外，还可以通过新闻媒介、官方文件和广告等形式接触目的语言和文化。然而，EFL 的学习者很难有这样的语言环境，他们主要以课堂教学为主要渠道。这两种社会文化环境对于学习者的语言和文化输入量以及学习动机都有很大的影响。首先，在两种社会文化环境中，语言和文化输入量有着明显的差别，而语言和文化输入量的多少又直接关系到学习者文化学习的效果。

ESL，为学习者提供了真实的语言情境、极好的文化体验和实践环境。ESL的应用，有利于学习者从情感上习惯和接受文化差异，从目的语文化价值观的角度去理解目的语文化行为，学习者能够在认知、情感和行为各个层面获得全面发展。相对而言，只能通过角色表演、案例教学等手段来提高学习者的跨文化敏感性。此外，在两种社会文化环境中学习目的语文化，学习者的动机也有显著的差异。在环境中，学习者为了适应主流文化，更好地与人相处，乃至更快地融入主流社会，他们都会利用各种机会学习目的语文化，学习效果显著。而在环境中，由于缺少实践机会，学习者学习目的语文化的动力明显不足，效果也不显著。

荷兰语言学研究者埃斯布鲁（2005）认为，教师环境是相对封闭的英语学习环境，其对于文化学习存在很多的局限性。教室环境是一个非自然的社区环境，因此"基于教室的学习在本质上属于认知和推理层面的学习，无法深入到文化知识根基里去"，其仅仅"有益于对规则的学习，但无助于语言和文化的习得"。在具体实践中，笔者认为利用多媒体和网络的虚拟真实环境可以弥补教室环境文化真实性的不足。网络环境下的文化学习，有利于学习者学习主体的发挥，最大限度地实现网络环境与课堂教学模式的有机结合。同时通过网络链接或运用新闻报道、电影、录像、光盘等真实材料把目的语国家活生生的文化带进语言教室，强化了教室环境的交互功能，引导学生更为充实建构起其丰富的知识图式结构，加深学生对于文化教学的理解。

英语学习是否真实高效，语言环境的创设至关重要。英语学习是人们在一定的语境下，通过口语或书面语相互交际的过程，它是在一定言语使用区域中进行的，绝不是一个孤立的学习过程。同时，英语语言需要在适当的语言环境中被学习和运用，用得多了，用得熟练了，自然而然就被掌握了。没有恰当、合适的语言环境，任何语言学习者都不可能学好语言，由于他无法把所学语言与实际语言交际场景结合起来，得不到实际应用的检验，所学语言就不能生动起来，不能适应灵活多变的语言环境。在中国的英语教学中教师与学生所处的正是这样一种"不能生动起来"的语言环境，教师不是真正意义上的课堂内外教师，与学生共有、共用的是同一种文化和语言，英语使用的机会非常之少。除了课堂上使用英语会给学生以相对逼真的教育环境，在日常教室内部英语学习的痕迹不多，学校和英语教师也没有什么好的办法在汉语环境里为学生创造较好的英语学习环境。由于缺乏学习英语的语言环境，教师很难从日常教学中能长效激发学生的学习兴趣。

（五）素质教育受传统教育影响依然明显

应试教育与素质教育是当前我国教育发展不同时期与条件下产生的两大教育认知理念。尽管大家都知道素质教育事关全民整体素质的提高，但总体来说，应试教育仍占上风，素质教育受传统教育影响依然明显。

1. 应试教育普遍存在

应试教育理念或体制是中国过去几十年计划经济时代的产物，更是中国几千年科举制度"以试取才"的延续。在其导引下，课堂上教学过程往往围绕着试题的内容与形式来进行学校、教师与学生都在为得到高分和好的名次而努力。在应试教育的影响下英语教学的内容以及教学各环节的安排都以考试为中心。这就使得教学过程形成了一种模式，即教师成为教学的主体负责讲授，而学生则成了被动的接受者坐在了听众的位子上。教师大信息量的灌输都是围绕考试内容进行的，完全忽略了学生英语交际能力的培养。学生没有足够的时间消化大量的知识信息，不少知识尚且以初级僵化理论形式固存，尚未转化为知识能力，学生已经拿着高分如愿毕业。由此也诞生了许多"哑巴"英语，"聋子"英语。

应试教育的最根本导向就在于"试"，也就是将考试作为导向。学生最为关注的英语四、六级考试是以语言能力测试为主，极少涉及跨文化交际内容。因此，教师在教学过程中采取"填鸭式"教学，搞题海战术，甚至在讲解词与词之间的区别时，直接把四、六级的试题搬到课堂上，这种教学方式虽然对提高学生的考试成绩极为有效，但却严重脱离了语篇结构和语言的应用，语言教学成了名副其实的"应试教学"；学生在题海中掌握的是应试的技巧，不是语言的能力，培养学生的文化意识与人文精神更是纸上谈兵。可以说，应试教育无限放大了语言学习的工具价值，而忽视语言承载的文化精神。

在"以试取才"的时代，应试教学显然有其继续存在的合理性。在这种大氛围下，如果谁要真正搞素质教育，反而成了另类。学生从小学到初中，各种考试铺天盖地，高中情况更令人担忧，高考的压力使得平时所有的英语课堂教学基本上围绕高考进行。据说，教师如果在课堂讲一些与考试不是直接相关的内容甚至会遭到部分学生的抗议或抵制。到了大学，学生不但没有摆脱考试的纠缠，反而陷入更深的应试学习旋涡：四、六级考试、口译证书考试等，鉴于这些证书对于学生就业的重要性，所以无论你走进任何一个书店英语类图书一定三分天下有其一，而所有的英语类图书中，应试技巧类书籍又通常最多。

2. 素质教育推行力度不够

当前，大学英语四、六级考试早已成为全国性的统一考试，更有甚者，一些大学把是否通过四、六级考试同入党、评奖学金、评先进联系起来；还有的学校规定拿不到四、六级证书，就不能获取学位证书和毕业证书。如此教学，完全置素质教育于不顾，导致学生实际运用语言的能力提高极为有限。事实上，素质教育是一种以素质为导向的教育方式，它以学生为主体，以促进学生身心发展为目标，以训练和培养能力为主要教学任务充分调动学生学习积极性和主动性。素质教育与应试教育有着本质的不同。大学英语素质教育一直努力在教学目标、教学内容、教学方式上进行改革，从以教师为中心转向以学生为主体，从注重学生分数的提高到加强学生的思想道德修养、从注重语言知识的传授转向加大文化知识学习的力度注重培养学生的英语交际能力，以此减少应试教育的各类弊病，可惜的是应试教育仍然占有相当大的比重。

二、跨文化交际层面分析

跨文化交际的双方一般均来自不同文化背景的交际者。双方拥有不同的文化、不同的思维模式、不同的价值观念，故而他们的交流、沟通难以产生统一、共鸣，还有可能导致交际的失败。跨文化交际所具有的与同文化内交际所不同的特点，势必给英语教学造成很大的影响。

（一）中英文化的差异认知不到位

英国文化学者伯克曾告诫我们，不同文化相遇时每种文化都可能会对其他文化的形象形成一种固定程式。该程式本身可能无可厚非，但它常常会对某些事实特征夸大其词同时又全然忽略其他另外一些特征。由于这一模式被用于相互之间差异很大的文化状况，结果是不可避免地或多或少会缺乏细致周到而与事实真相有某些出入。

在我国，大学生进入大学之前一直在接受中国传统文化的教育，他们的思维方式、行为准则、道德规范等方面都已形成某种定式。大学生活开始后面对开放的社会文化生活环境西方文化的大量引入，西方文化、思想和价值观念冲击着大学生已有的文化定式。对文化差异缺乏了解和理解而产生的文化的冲突会使大学生在进行跨文化交流时遇到各种矛盾和问题不能顺利进行跨文化交际。所以说,社会文化方面的知识和能力的欠缺直接影响跨文化交流能力的提高。语言能力不足会影响跨文化交流的进行,而社会文化能力的不足则会使跨文化交际产生障碍直至冲突。

大学生的价值观虽已形成一定定式,但还不够完整,文化差异与冲突会对学生完整的价值观、世界观的形成产生很大影响。因此英语教学要从跨文化视角客观公正地对待文化差异,在加强学生语言能力培养的同时加强学生社会文化能力的培养,帮助学生正确对待文化差异与冲突,形成良好的世界观与价值观。

(二) 中西思维方式的差异的影响

在差异化的生活环境中,各种民族之间拥有差异化的历史背景和文化传统。生活在各自不同的地理环境中,自然形成其不同于他族的思维方式。不同民族的思维方式,必然显现不同的民族特征、时代特征、区域特征和社会特征;其风俗习惯与文化传统也不同于其他民族。

从英语教学现实来看,思维方式的差异导致在语言文化上产生差异化的表现。思维方式集民族文化心理诸特征于一体,又对文化心理诸要素起着制约的作用。思维方式在民族文化的各个领域,如物质文化、精神文化、制度文化、行为文化等各个方面均有体现。不同民族思维方式上的差异,造成了民族间文化的差异。作为思维的主要工具和构成要素,语言对思维方式的形成和发展起着积极的促进作用。语言是思维的表现形式。语言差异的存在应归因于不同民族思维方式的不同。故而对语言文化的差异进行研究必须基于语言文化密切相关的思维方式研究。

悟性思维与理性思维是两种基本的思维方式。中国人的思维呈现为悟性,西方人的思维则呈现为理性。悟性与理性具有不同的表现特征。悟性思维具有很强的形象性,表现出直觉性、形象性、整体性等特征。

理性思维具有很强的逻辑性，表现出抽象性、客观性、分析性等特征。西方哲学思维方式本质上是理性主义的。中国人比较注重直觉、体验、领悟，其思维方式是悟性主义的。

悟性思维使中国人侧重强调主体，常以分析综合的形式改造表象，直觉地认识事物的内在本质和规律。西方人的理性思维则侧重部分与具体，注重分析和实证，擅于严密的推理分析。中国人的悟性努力将悟性主体与被悟对象主客合一。中国的悟性认为借助语言符号难以领悟被悟对象的本意，强调悟性主体对被悟对象的直接领悟，中国人的悟性和西方的理性必然表现在中西文化的各个方面。

中英思维方式上的差异必然导致其在民族文化等层面的差异，对跨文化交际造成一定的障碍。中国学生常常会忽视中西方文化差异的存在，把中国式的思维直接带到英语表达中去迫使交际对方以与自己相同的方式进行思维。在观察其他文化时中国学生又会以本族文化模式来理解和解释异族的文化行为。正是由于这种错误的认知导致了跨文化交际中的歧义和误解，在某种语境氛围中，则极易导致中英文化的深度对立，使学习者的认同度大幅下滑。

（三）中西方价值观的差异性影响

所谓价值观，能够对人们个人意念、出行方式、行为习惯等产生显性或隐性的观念。价值观是跨文化交际的核心，不理解价值观方面的差异就不能真正理解跨文化交际。若忽视价值观念在交际中的潜在影响就会造成交际障碍。

同文化交流过程中，人们考量理解对方的举止状态时，总会采用规范的价值标准。不同的文化有着各自不同的规范价值标准，这些价值标准在其本族内很适用，却不适用于其他社会群体。因而这些价值观在跨文化交流中不具备统一、维系的作用。每个文化群体都有权决定和保留自己的生活方式和文化传统,都有权保持自己的文化特色。人们在跨文化交际中发生障碍和冲突不是由于不能接受对方而是由于对彼此的价值观念不够理解和认同而引起理解偏误。此种偏误虽然不会导致极强烈的利益纠葛,不过如上所说在某种语境氛围中,则极易导致中英文化的深度对立。

由此来看,中西价值观差异会直接影响到英语教学的模式与风格。跨文化交际中,语言方面的错误可以得到容忍和谅解,而违反交际的准则无视东西方价值观的差异的存在却会被看作是举止不雅,有失礼貌。语言的许多方面都会体现东西方价值观的差异。这便能够对跨文化交际障碍形成合理解释,同时也启示人们跨文化英语教学必须深度考量中西价值观差异。

第五章
跨文化大学英语教学实践研究

第一节 跨文化大学英语教学的原则定位

跨文化英语教学，必须基于某种文化认同，基于某种语境下的诉求交流。我们把这种交际能力分为处理语言信息能力和调节语言活动能力。英语跨文化教学过程中最为核心的价值取向和原则是语言的使用必须要遵循文化的规则，认同英语的思维和社会交际。

一、以生为本原则

大学英语跨文化教学是围绕学生开展的教学活动。在实际中，教师所进行的教学模式设计选择、课堂教学、编写教材等都必须以学生的需求为根本遵循。尽管基础语言知识和技能的传授仍然是大学英语教学的必要组成部分，但是教学过程应该以培养学习者自主学习能力为中心，而教师的教学任务则是以启发和引导学生进行自主学习为主。在课堂上以学生为主体，学生与教师共同进行文化体验，感受和领悟语言与文化，进行知识和意义的内在建构其心理感受和价值取向不同，体验的意义建构也就不同。在跨文化英语教学中，课堂教学的设计和教学活动的安排应该考虑到各种因素对于学习者的影响，需要注意和重视的不仅是具体的英语语言知识学习，还应该包括学习者对本族语和本族文化的体验和理解、对目的文化和其他文化的态度、个人综合素质的提高包括立体思维方式的形成和跨文化交际能力的培养，甚至对整个人生的态度等很多与学习者的过去、现在和未来密切相关的主题。相比传统英语教学，跨文化英语教学的目标和内容得到更大程度的扩展，不过教学时间基本不变，这就导致了教师如果想要在有限时间完成教学目标，必须切实有效地加强对于学生进行自主学习的引导和能力培养。

二、全方位合作原则

一般地，人的智能机制有个人智能、学习智能、表达智能等之分。其中，个人智能包括内省智能、社交智能和音乐智能；学习智能包括逻辑智能和语言智能；表达智能包括身体语言智能和视觉空间智能，以及自然发展智能或者自然主义智能。智能机制在各个方面的表现形式则是因人而异，教师应该根据学生具体的智能表现发掘学生的优势智能，并帮助学生能够协调运用这种智能，做到扬长避短，有效配合和优化使用这些智能，从而提升学习者认真负责的学习态度。依据建构主义理论，产生学习的首要条件取决于学习者在学习过程中的个体参与程度，充分优化学生的智能涉及的师生之间以及生生之间的合作学习，由此可见合作学习原则的必要性。大学英语跨文化教学下，学习者之间的相互合作、相互支持是教学效率最大化的保障。

三、渐进性原则

文化知识也是科学知识的一种,其也必然有其自身的科学体系。教师教授文化知识要合理地安排不同阶段文化学习的内容,适合学生的认知特点和思维发展规律,要参照其逻辑顺序,掌握其基本结构,按照学生的认知发展由简到繁、由浅入深、由粗到精,由形象思维到逻辑思维,再到辩证思维,记忆也要经过由机械记忆到理解记忆等,在文化教学内容的编排上要从简单、具体的文化事件到概括性的文化主题,最后才应是对目的语社会的全面理解,体现文化知识本身的逻辑结构及其系统性,既要注意各个层次文化知识内部的系统性和序列性,又要密切关注各个层次文化内容之间的相关性,如宽泛的文化环境知识和情境文化知识或价值观体系和社会规范之间的相关性,从以感性体验、感性认识为主逐步过渡到以理性认识及体验为主,从而使得学习者能够深度理解、全面系统掌握目的语及其文化,提升跨文化交际能力。

四、传授与体验原则

传授式教学模式和体验式教学模式,均是跨文化教育的常见模式,二者结合起来能够各自发挥优势、互补共进。这组彼此相对的概念是在进行跨文化培训时提出的。传授式利用讲座、讨论等途径传授知识技能,提高学习者的认知和理解能力,学习和掌握语言和文化知识分析和理解文化差异其不足之处在于,学习者在很大程度上处于一种被动接受的状态,学习者在态度和行为层面的进步与发展难以实现。体验探索式则以学习者为中心,创造真实或模拟的跨文化交际情景,让学生去感受、体验,使学生在认知、情感和行为各个层面都受到刺激,弥补了传授式教学法的不足。

由于英语课堂在知识教育过程中常采用的办法是传授，而在一些实践环节又必须将主动权交给学生，让其在体验中感知与理解。故而跨文化英语教学既要有注重语言和文化知识的讲座和讲解，又要有触动情感、培养行为能力的角色扮演、模拟活动和参观访问等。语言和文化知识的学习要充分考虑学习者的认知接受能力和遵循语言文化的学习规律。学生起初的体验探索应该是直观、具体的、与其实际生活关系密切的实用问题，然后逐渐转向间接、抽象的思维理念阶段，多层次全方位地进行教学，以帮助学生实现整体性的语言素养提升。

五、反思对比原则

跨文化英语教学最为典型的需求就是尽可能投入全情境化的语言学习中，要剔除本族文化因素。通过与其他文化进行比较，形成一种跨文化的氛围。在这种跨文化的氛围中，联系本族文化和个人体验进行外国文化和语言的学习可以刺激和保持学习者的学习积极性，而且使学习者能够更为牢固地记忆好所学内容，更为深入到位地理解英语知识内容。

跨文化交际要求参与学习者必须保证对母语文化与目的语文化发生抵触时，能够妥善处理。在外国文化学习过程中不断反思和对照自己的本族文化，对文化差异的具体表现有一个全面、深入的了解。在调研中，不少老师在被问到"为了培养学生的跨文化交际能力，您常采用的教学方法"时，提出"会介绍相关的西方文化背景知识；重点学习与文化相关的词汇对比文化间差异"。英语教师要对两种文化具备较强的辨别能力和文化对比敏感性，要能明确区分知识文化与交际文化，要能分清表层差别与内涵差别，要了解语言差别与非语言差别的表现，要知晓语言形式差别与语言意义差别的不同，要对词汇包含的文化内涵、习语背后的文化背景、句法的运用、不同语言风格的表达等进行对比学习，把中西方文化差异的各个方面自然而然地渗透到英语教学中去。

像汉语等母语,其对于生活在汉语氛围中的人来说是潜移默化的接受状态,不特别引导和刺激,人们很少会对自己赖以生存的文化进行反思。而增强对本族文化的意识和反思则对消除或减弱学习者的民族中心主义思想,使其客观认识自己的价值观念和行为习惯,从而培养一种开放、灵活的思维模式十分有利。故而,执行跨文化教学的主体需求就在于增强学习者对自己本族文化的意识和理解,而反思与比较是完成本族文化意识和理解的重要手段。

六、因材施教原则

跨文化英语教学中,不同的学习者,其文化体验和价值观、世界观和思维等个人因素也存在一定的差异。这些个人因素是文化教学,在一定程度上也是语言教学的基础,由于跨文化交际能力的培养需要从学习者现有的文化体验出发,通过将本族文化与目的文化和其他文化进行对比,来增强跨文化意识。因此,教学过程中教师一定要尊重学生的个人体会、文化背景、价值观念、思想感情等,不能对学生及其思想感情持有轻视、蔑视、否定及批判的态度。教师需要基于学生个性特点、学习基础、学习风格等的了解,对应选择和设计合适的教学方法因材施教。

七、互动性原则

本书提出的互动性原则既包括了语言与文化的互动性,也包括了中西文化的互动性,还包括教与学的互动性。教学应持发展的眼光看待语言与文化,两者是动态的,互相交织发展的,跨文化英语教学也应跟上时代的步伐,在互动发展中进行。中西文化之间应是平等对话、互动共存的关系,尤其是当今世界全球化趋势下,文化的互动共存更为明显,跨文化英语教学也应遵循这一规律，发挥中外文化学习的互促作用。在教与学的过程中，新型教学模式已经改变了单向传递的模式，强调的是教学传播过程中的双向传递、互动过程，教师教学影响着学生的学习，而学生又反过来影响着教师的教学传播行为。而跨文化交流本身就要求进行文化的双向交流，语言本身也是在交流中产生和发展的，因此，跨文化英语教学过程应是一个互动的过程，要充分发挥学生的学习参与积极性，取得好的教学效果。

第二节　跨文化大学英语教学模式的分层构建

在大学英语教学体系中，跨文化交际对于人才的需求与其教学的双重目标是相统一的。一是语言知识能力，二是文化认同与交际能力。在此背景下，结合当前大学英语教育的实际，构建新型的大学英语教学模式成为必然。本书尝试从跨文化传播的视角，围绕教学目标及内容、教学原则、教学方法和教学评价等几个方面，构建以培养学习者跨文化交际能力为主要目标的跨文化大学英语教学模式。

一、教学目标及内容

在欧美地区，跨文化英语教学已经到了相对成熟的阶段。从教学目标来看，许多研究者从本土文化视角提出了跨文化教学的整体目标。Byrarn（1994）等学者在调查了欧洲各国语言文化教学的现状后，以欧洲跨文化交际需要为前提，提出将语言和文化相结合的综合教学；Seelye（1994）提出的以文化为基础的交际能力的教学，以及张红玲（2007）提出的基于文化的英语教学。在这些思想理论基础上，结合我国的大学英语教学情况，笔者定义跨文化英语教学的总体目标应为：提高学习者的语言能力、交际能力和培养学习者的跨文化交际能力。语言能力指的是语音、词汇、语法等语言知识和听说读写、译的技能。而交际能力是包括语言能力和语用能力在内的正确并且适宜地进行交际活动的能力。跨文化交际能力则是超越了具体的语言和文化群体，根据不同语境，灵活运用语言知识和技能进行交际的能力。

跨文化英语教学的目标包含语言能力、交际能力和跨文化交际能力，因而其内容应该包括语言教学、文化教学和跨文化交际能力培养三个方面。具体来说，语言教学包含基本语言知识和使用，文化教学包括文化知识和交流，跨文化交际能力培养则包括跨文化意识、跨文化交际能力和跨文化交际实践等。也就是说，在跨文化英语教学中，通过对目的语语言和文化的学习，学习者能够掌握目的语语言知识，并能使用该语言与目的语语言群体进行有效的交流，同时，在学习中能够反思自己的母语，了解语言文化构成、发展规律，了解语言与社会和文化之间的关系，在交流中体验目的文化，反思本族文化，比较目的文化与本族文化，增强对文化差异的敏感性和培养对目的文化的移情态度，同时教师应该给予学生需求提供适应性的帮助指导，完成对跨文化交际中文化冲撞、误解等问题的解决。

教学内容中语言能力、交际能力及跨文化交际能力三个层面都是紧密联系、相互渗透的。语言知识和文化知识是基础，语言使用和文化交流为知识提供了实践和体验机会，跨文化意识在知识学习和实践中培养，同时又为学习者知识的学习和实践交流做好了思想准备，最终在跨文化交际的实践中培养跨文化交际能力。此外在跨文化教育过程中，切不能随意割裂语言和文化的关系而导致孤立而机械地践行语言教学和文化教学，两者应有机结合。语言的学习必然是文化的学习，文化为语言学习提供了丰富真实的环境，两者互为目的和手段。故而，应将文化教学贯穿在语言教学过程中，将语言教学融入在丰富真实的文化教学内容里，让学习者学到活的语言，体味真的文化，真正享受学习的过程。

二、教学方法

跨文化英语教学所采用的教学方法体系较为多元。从其发展史角度来看，国内英语教学曾先后采用过"语法—翻译"法（简称翻译法）、直接法、听说法、认知法和交际法等教学方法。

（1）"语法—翻译"法。以翻译、阅读原著和分析语法为主要的教学活动，目的是培养学生的阅读能力，训练心智。其长处在于使学生语法概念清晰，阅读能力较强，翻译能力和写作能力得到提高。但不足之处也显而易见：强调阅读忽略了语言交际能力，学生语言应用技能差，交际能力差，而且教学形式单一、枯燥，学生容易失去学习兴趣。

（2）直接法。主张借鉴儿童习得母语的方法，通过目的语直接学习和应用，不使用母语中介，用动作、图画等直观手段教学。其优点在于教学直观、注重实践，在培养口语能力方面效果显著。其缺点也不可避免：它夸大了儿童习得母语和成人学习英语之间的相似性，忽略了二者间的差异；忽视了母语在英语学习中的作用；强调经验和感性认识，注重口语，忽略了文学修养，学习者知其然不知其所以然。

（3）听说法。强调听说领先，通过反复模仿、强化学习形成习惯。其优点是重视句型结构的练习，并通过与母语的对比由易到难安排教学，有利于学习者掌握英语。但它过分强调机械性学习和死记硬背，忽视能力的培养；过分重视语言的结构形式，忽视语言的内容与意义。

（4）认知法。强调语言的学习要靠理解、掌握语言规则，重视智力活动在获得知识过程中的积极作用,认为语言学习是主动的心理活动而不是形成习惯的过程。认知法在鼓励积极思维、发展智力,注重培养学生语言综合运用能力等方面显现出优势。由于认知法强调认知语法规则,所以它也叫"现代语法翻译法"。而过分强调要在认知语法规则的基础上进行英语教学也是其缺陷,而且在实施过程中容易出现"语法—翻译"法的老毛病。

(5)交际法。重视培养学生的语言能力,主张在交际活动中学习,教学活动情景化。交际法比较之前的教学法流派,其优点体现在:重视学生的实际需要;重视交际能力的培养,体现了语言的社会功能;教学过程交际化,提高了学生的交际能力。交际法也存在一定的缺陷:"功能—意念"项目很难确定和统计;以"功能—意念"项目为线索组织教学大纲缺乏科学性;"功能—意念"项目与语法、句型结构之间的关系无法协调;教学中容易放任学生的语言错误,影响交际。

到了20世纪末期,基于上述教学法流派,掀起对跨文化教学法的重新审视,被称为"后方法时代"。"后方法时代"的教学法,重视学习过程,重点在于语言知识的构建、学习动机与学习策略的培养,强调教师的主导性和学习者的自主性,以培养学习者的可持续发展能力为目标。其代表是"任务型教学法",指教师通过引导语言学习者在课堂上完成任务来进行的教学。在语言教学中,任务指为达到某一具体的学习目标而设计的活动。"任务型教学法"强调"在做中学",认为在教学活动中,教师应当围绕特定的交际和语言项目,设计出具体的、可操作的任务,学生通过表达、沟通、交涉、解释、询问等各种语言活动形式来完成任务,以达到学习和掌握语言的目的。其优点在于以任务为中心,凸显真实性,使学习者在任务驱动下学习和进行知识构建,有助于培养学生的综合语言运用能力和学习的自主化。"任务型教学法"在以往教学法的基础上形成，和其他的教学法并不排斥。

实则不同的教学法其适应环境是有差异的。故而我们不能拘泥、局限于某一种教学法，特别是在跨文化英语教学中，要有"教而有法，教无定法"的理念，针对不同的教学内容和教学情境选择不同的教学方法，综合运用各种教学法，扬长避短，以求最佳教学效果。例如，尊重认知法的认知规律，可利用"语法—翻译"法讲解基本的语法和语言基础知识，借鉴直接法的直观教学手段和听说法的对比学习，保证语言知识掌握和技能训练，以交际法和"任务型教学法"为主要教学过程和方法的设计参考，能够达到培养学习者的语言综合运用能力和跨文化交际能力的目标。

三、教学评价

跨文化英语教学的核心目标及内容是文化。但文化本身具有主观性与复杂性，其使得跨文化英语教学的测试评价难度增大。传统的纸笔形式和客观量化的测试在针对强调记忆的客观语言知识掌握的标准化评价上有其优势，但却无法客观评价学习者的能力、态度和学习过程等，因此仅仅依赖传统的客观定量测试已无法满足跨文化英语教学的评价要求，基于"真实评价"和"表现评价"的定性分析评价法应运而生。可通过对学习者学习过程的观察，对其学习努力程度、进步情况、学习态度和最终成就等做出综合性评价。被评价者也可以进行自我评价，作出反思结果，推动后期自主学习。

同时，从激励角度看，形成性评价更优于传统的终结性评价，更能帮助学生发现学习中的问题并及时调整，有效调控自己的学习过程，取得更好的学习效果。学习者容易获得成就感，有利于培养学习者的自信心，避免了一张考卷定优劣对学习者积极性的打击和学习热情的挫败。

因此，跨文化英语教学应该采取形成性评价和终结性评价相结合的评价机制，更客观和积极地对学习者的情况进行反馈，进而完成学习者的自我对照。

整体而言，大学英语跨文化教学模式是将提升学生跨文化交际能力定位成最终目标，并将培养学生的交际能力（包括语言能力和语用能力）定为基础目标，以英语语言知识与语言技能、文化知识和跨文化交际等为主要内容，将语言教学和文化教学有机结合，集多种教学手段和方法为一体的教学模式。教学过程中教师是教学活动的组织者，整个模式突出学生的学习主体地位，教师的教学主导地位。大学英语跨文化教学模式将为学生提供包括丰富的教学内容、多样的教学手段、多种教学环境、多元教学方法的较为全面的立体教学模式，以完成培养跨文化传播人才的目标。

第三节 跨文化大学英语教学的策略体系

大学英语跨文化教学在语言教学界域属于探索性的教学选择。其源自于当前跨文化交际对于人才的需求。对我们而言，跨文化教学的目标即为跨文化交际能力的培养，然而要实现在非创设语境中的跨文化高效英语教学，必须基于跨文化英语教育模式而提出高效的保障性教育策略。

一、立足教育认知，构建跨文化大学英语教学的理念体系

认知是跨文化教学及交际能力培养的核心能力之一。跨文化交际能力的认知层面包括目的文化知识，以及对自身价值观念的意识。从体验

跨文化大学英语教学的管理理论与实践

理解层面来说，跨文化交际能力主要是指在目的文化情境中适宜地使用目的语的知识，调整自己的感知、理解和表达的习惯，用一种新的视角去看待世界，由此形成对世界的新的体验的能力。相对于跨文化英语教学来说，认知就是通过体验理解对教学理念、教学目标及教学中看似矛盾的关系予以处理，同时建立新的教学原则。

（一）树立全新的教学理念

观念更新是跨文化语言教育的首要条件。大学英语教学中，更需要教师将自我认知、社会阅历与跨文化交际需求结合起来，从而在阅读现实的基础上建构并树立全新的教育理念。同时，教育行政部门的专家和领导应该借鉴、比较欧美国家的跨文化经验，从战略高度审视跨文化教育所具有的时代意义，明确其目标和内涵，确定符合我国国情的跨文化教育目标、原则和方法，为大学跨文化英语教学提供原则依据，明确方向。

（1）教师理念的更新。大学跨文化英语教学中，首先，教师必须更新自身的教育理念，要始终坚持"语言教学与文化教学有机结合"，从语言学习、语言意识、文化意识和文化经历相互联系的四方面同时入手，充分发挥母语文化在文化学习中的作用。其次，英语教师要深刻理解自身角色，不能仅满足于做一个传授语言知识的"教书匠"，还应该努力成为一名"通贯中西"的学者型教师。我国著名学者吴宓、钱钟书、叶公超等人之所以声名显赫、受人敬仰，不仅仅由于他们的英语水平高超，更重要的是，他们学贯中西，人格俊逸，文、史、哲无一不通，可谓传统意义上的大师级通才。此外，除教师教学理念的更新、自身素质的提高外，英语教学中文化教学的理论框架也必须当作核心的客体予以深入审视与研究。

（2）教育理念的吸纳。近年来，在英语跨文化教学领域，体验式英语教学已经被推崇为全新的教学理念和教学模式，受到众多英语教学研究者的关注。美国教育家 David Kolb 首先提出体验式学习理论,其后在总结学习模式经验的基础上,创设了新的学习模式——经验学习模式。在其《体验式学习:作为知识与发展源泉的体验》一书中系统阐述了体验式学习过程,他认为经验学习过程是由四个适应性学习阶段构成的环形结构,包括具体经验、反思性观察、抽象概念化、主动实践,确立了著名的体验学习理论。"学习是体验的转换并创造知识的过程",也就是说在学习过程中学习者把体验到的内容消化吸收,内化成为自身具备的知识并在实践中加以运用检验。认为体验式学习理论的提出对教学产生了深远的影响,其中在教学理念上引发的变化,就是教学模式由原来的知识"传授式"转向了"体验式"。这种体验式教学法要求教师根据教学内容有目的地创设生动逼真的教学情境,使学生在真实情境里有效获得所学内容,使其理论知识、应用知识得以扩展,技能、技巧得以提高。通过直接接触学习内容,学生能够亲自实践和体验,在自由独立、情知合一的情境下,培养实践创新的能力。体验式教学模式的核心就是体验直接经验。

体验式英语教学理论的发展基础是建构主义理论。其更习惯于将学习看作是一个建构的过程。该理论要求学习者在学习中积极主动,发挥主体作用。建构主义特别强调学习者的中心地位,教师在整个学习过程中应该是学生意义建构的协助者、促进者,而不是知识的提供者和灌输者。建构主义从教学方法看多种多样,各有不同,但教学环节中含有情境创设和协作学习却是其共性所在,学习者不是简单被动地接收信息,而是基于情境创设和协作,最终主动地实现自身对所学知识的意义建构。与以往以教师为主导的知识传授式教学模式相对比,体验式教学更加突出强调以学习者为中心,认为自主学习十分重要,它更贴近学习者"内化"的学习认知规律。真实语境的创设和模拟能够激发学生的学习积极性和参与体验的热情,使学生在真实语言的感受和体验中,发现语言的应用技巧和使用规则并应用于语言实践。这一理念反映了当代英语教学理论的新进展,既符合以往交际教学法的原则,又体现了"任务教学法"的特点。此外,体验式教学更加倚赖于多媒体及网络教学资源,趣味性较强,学生感知与体验较深,能够使学生积极、主动,快乐学习、记忆语言文化知识。

文化并非一成不变,其是一个动态的发展过程。从延续性看,以往发生的事情会影响语言表达的含义,语言的意义也会对未来事件产生影响,未来的经历又会影响到具体的语言意义,这是一个周而复始的过程。在社会进步、发展的同时世界各民族的思维方式、价值观念、生活方式、社会规范等各个方面也都在发生着重大变化。因此,英语教学过程中,教学的中心不应再是以教师为中心的知识的灌输,而应是以学生为主体,加强学生的文化学习体验,培养学生自主学习、积累文化知识的能力,注重培养学生文化敏感性提高学生应对文化差异的主动性和自觉性。因此要确保跨文化教学的理论研究形成体系,以全新的教学理念、清楚的教学思路促进课堂内外的跨文化教学,在不同的方面进行措施拟定与夯实,让教师对跨文化教学有更为深入的理解,并以更好的状态投入到跨文化教学中。

(二) 明确合理的教学目标

《大学英语课程教学要求(2007)》指出,现代大学英语课程的教学目标是培养学生的英语综合应用能力。这一目标不同于以往重知识传授、轻知识运用,重知识点记忆、轻能力培养,重阅读、轻听说写的倾向,这一目标的确定间接提升了我国大学英语教学的标准与境界,交际意识和文化能力逐步得到重视。

从社会价值来看,跨文化教学的目的在于培养学生具有用得体语言和方式进行交际的能力。学生必须了解目的语词语本身包含的丰富的文化内涵以便掌握语言的使用规则。经验表明,与结构规则相比较,语言的使用规则更为重要。仅靠正确的语音、语调、语法,并不能保证交际的有效进行。通过跨文化教学,学生不仅可以了解生活在目的语文化中的人们是如何观察世界,对待事物的,而且能够了解他们如何用语言,反映他们的社会思想、习惯和行为方式,最终成为符合国家交流、社会交际需求的现代英语人才。

此外,异域文化的敏感性和容忍度也是大学英语跨文化教育能否输出合格人才的衡量指标。学习者要了解异域文化下的思维习惯、认知模式、合作态度等同时还需对交际对象的文化背景、风俗习惯保持敏感和包容态度。在交际过程中,学习者往往容易从自身文化视角去审视他国文化而不去探索文化表象后的深层意义。应使学生通过直接学习、直接经验以及参加培训项目等经历加深对隐藏文化内涵深层的理解,站在对方角度去看待他们的文化,提高学生跨文化交际的敏锐度、宽容性和处理文化差异的灵活性,从而实现跨文化交际的成功进行。因此,提高学习者批判吸收外来优秀文化、发扬优秀传统文化的能力,提高他们融会贯通中外文化的能力尤为重要,这既是中国英语教学中文化教学的发展趋势,也是跨文化英语教学的最终目标。

(三) 科学处理跨文化教学关系

1. 厘清本土文化与英语文化的关系

经济全球化发展背景下,英语作为世界上应用最广泛的语言,其自然成为全球通用语言的标向。作为全球通用的语言,它必须包含两个层面的意思:①它由全世界英语使用者共同享有;②它包括各种地域、文化特征的本土化的英语表达形式。中国是世界上的英语学习大国,对于中国英语学习者而言,学习英语一方面是为了了解世界,同时也希望通过英语这个媒介让世界来了解中国。因此，英语交流是双向式的，但在我们现实的生活中，英语主要指的是英美文化对中国社会文化产生了重要的影响：如象征着美国饮食文化的麦当劳、肯德基遍布中国大部分城市；引领时尚的美国流行音乐以及好莱坞影片备受年青一代的青睐；西方传统的节日如圣诞节、情人节开始在社会上盛行，甚至连英文名字也多少代表了某个人的社会地位。

不过在英语文化与价值观饱受推崇的当前，中国传统文化的学习却陷入淡化。中国汉语本土文化的欠缺，降低了英语学习者对中国特有文化思想的趣味。故而，如何处理好英语教学中传统文化与英语文化的关系，始终需要研究者进一步去思考与探索。

一是英语文化与本土文化兼而学之。教师在执行跨文化英语教学时，要重视学生的母语和母语文化的学习。语言反映一个民族的特征，它不仅包含着该民族的历史和文化背景，而且蕴藏着该民族对人生的看法、生活方式和思维方式。对我们中国人而言，汉语是我们的母语，通过母语的学习使我们形成汉语的思维方式，这是我们得以生存与发展的宝贵财富，更是民族标识。

二是基于"中国英语"而提质为"国际英语"。英语是世界性的语言，世界各地出现不同类型的英语变体，"中国英语"就是其中之一。但是在使用"中国英语"时要注意以下几点：第一，使"中国英语"具有可接受性。中国人在使用英语的时候应尽量地使之合乎英语语言的普通原则，使之为英语国家的人所接受。第二，要用英语表达具有中国特色的文化，如清明节、洋务运动等。第三，如果在交际中出现与英语本族文化冲突的现象，要尽量地通过文化规范化，提升"中国英语"表达的流畅性与匹配性，能够逐步提质为"国际英语"，既不丢失汉语本味，也能进行顺畅交流。

三是教材编写执行对中国文化的纳入。在英语教材的编写上，我们不能全盘地搬用体现西方价值观和文化观的素材，要适当填入能够体现中国特色的文化。同时，在英语课堂教学过程中，教师可以适当利用母语有意识地对比分析母语和目的语之间的语言形式和文化背景，比较两种语言文化的异同点，加深学生对不同语言文化的理解。要积极地利用母语对英语教学的正迁移作用帮助学习者更好地掌握英语。总之，在我国英语教育中，必须考量如何让英语文化与中国传统文化达到平衡状态，如此在引进西方文化的同时，也不能忽视通过英语或者"中国英语"来保护我们的文化和向外宣传我们的文化。

2. 协调好英语功用性与人文性的关系

所谓功用性，即为英语语言的工具功能，而人文性则体现了人类文化与文明的价值。一方面，英语是人们用来认识世界、改造世界进行交际交往的工具，具有功用价值；另一方面，英语又是人类用来进行文化传承、人文教育、人格塑造的途径，具有人文价值。学生通过人文知识学习语言，通过语言学习人文知识，在潜移默化中受其感染、暗示、引导，逐渐实现心理积淀，形成质文相宜的人文素质。

英语语言在国内流行，除却其世界通用语言身份外，更多源于其诸多实用价值。一个人的英语水平如何直接与他的升学、留学、就业、职务职称晋升等有着密切的联系，有时甚至与一个人的社会地位相关。在当前竞争激烈的商业化的社会里，由于经济的快速发展，追求利益已成为社会的普遍价值。人们更倾向于用急功近利的做法来衡量选择的正确与否。在此背景下，中国人学习英语热潮呈持续状态，很多人急于求成来达到应试或求职的目的。实用性在学校的英语教育中占有重要地位，甚至在高校英语语言文学专业教育中也出现了"强调实用性课程，淡化语言文学课程"的趋势。北京外国语大学张中载教授曾尖锐地批评道，在英语本身的功能性和市场经济功利的支配原则的影响下，英语教学极易倾向重"制器"轻"育人"、重"功利"轻"人文"。故而，在发挥英语功用性价值的同时，跨文化教学还应该重视学生的人文修养、人性的丰厚养育及提升。

在英语教学中，考试和量化能够成为英语知识和技能教育的重要指标，不过却难以用来判断学生的人文素养。英语功用性的一面不可否认，但是不能忽视其人文性的一面。英语的功用性是紧密与社会的经济利益挂钩的，而整个社会是一个复杂的整体，包括政治、经济和文化诸多方面的内容。在经济全球化背景下，各种文化相互地撞击、融合，中国与外面世界的交流是全方位的，在交流过程中文化起着重要的作用。而英语本身就是一种文化，一种与英语国家的历史传统与现实场景相联系的文化。正如美国语言学家弗雷特（Frater）所言"一个国家的语言、文化和教育是相互联系的，如果无视特殊的文化背景和国情，孤立看待语言问题会迷失语言的整体性"。如此而言，在跨文化教学的过程中，要提倡拓展英语文学、文化课程的开设，强调运用人文意识引导法、人文品格分析法等方法对学生进行人文素养的渗透，使得英语教学中的功用性与人文性相统一。英语教学更为重视于语言知识的教学，更为突出英语文化内涵的学习，本身是协调英语功用性与人文性关系的重要表现，其能够使得教育输出更多拥有优秀跨文化意识、跨文化敏感性、跨文化的价值观以及国际理解能力的语言交际型人才。

3. 梳理好语言教学与文化教学的关系

早在20世纪，国内一些大学学者指出一个不容忽视的问题，即英语教学对于文化教学的疏离与忽视。究其因有二：一是与不同语言的人交流交际不但依赖于语言技能，而且依赖于对文化的习惯和期望值的理解；二是跨文化理解本身也是现代教育的一个基本目标。如果学习一门英语没有领悟其深厚的文化,同样,所有的努力也是徒劳的。不管是哪一个民族的传统文化与生活方式,民族心理和宗教信仰,乃至各种特定的思维模式,均依赖于语言得以成形、积累、发展和传承。

同时,语言与文化属于互生关系,语言是文化表达的载体,文化是语言升华的内涵。在我国,语言学习的过程也是文化学习的过程。一个民族的语言总是反映和表达这个民族的文化,不学习文化也就很难学通语言。从语言和文化的关系来看,语言承载着文化,同时又是文化的重要组成部分。民族语言与民族文化一一相对应。语言与文化血肉相连互相影响、互相作用,难解难分。不了解文化就难以理解语言,要理解文化又必须要有良好的语言做基础。只有扎实的语言基础,才能理解和体验语言中所蕴藏的深刻文化内涵。对于语言是文化不可分割的一部分,学生的理解也比较一致。故而,正确认识和处理语言教学与文化教学的关系尤为重要。

第一,语言教学与文化教学具有同步性。教师在语言教学的同时也必须进行相应的文化教学,表现在语言学得和习得机制与文化学得和习得机制是协调一致、同步进行的。正如盛炎指出的那样,在第二语言的学习过程中往往会形成一种"自我疆界",第二文化的学习目的就在于要超越这种"疆界",或者使这种"自我疆界"得到扩展,达到消除这两种文化接触时所产生的障碍,使学习者能够设身处地地站在以目的语为母语的人的位置上,思考问题、处理问题,解决问题,达到真正移情的理想境界,获得全新的"自我认同"。

第二,语言教学与文化教学具有互补性。现实中,我们要了解一种文化必先了解其语言,要了解一种语言也必须要了解这一语言所赖以生存的文化。故而,离开语言教学的文化教学就会成为无米之炊、无本之源。而脱离文化教学的语言教学内容势必枯燥、乏味,无法激发学生应有的学习兴趣。从能力培养方面来看，单单讲授语言知识而不进行相应文化知识的教学，学生只能具备最为基本的语言能力，而不能得体有效地运用语言，成功地进行跨文化交际，达不到提高跨文化交际能力的目的；从培养机制来看，文化教学以语言教学为基础和前提条件，同时又对语言教学起着"反拨"与检验的作用，能够促进语言教学，夯实语言基础，提高交际能力。文化教学能够拓展语言教学的深度和广度，有效提高语言教学的质量。

第三，语言教学和文化教学具有兼容性。现代教育理念认为，英语教学只有把语言教学与文化教学合二为一，才是现代意义上的真正的教学。在跨文化英语教学中，无论我们采用什么语言教学方法，都会自然而然导致文化教学。只有语言教学与文化教学有机结合，才能达到英语教学的最高目的，才能让学生在接受教育的同时也能增长个人跨文化交际素养能力。

二、立足基础补位，建立跨文化大学素质培养的支撑体系

跨文化大学英语教学过程中，其必须在以上理念界定与补位的基础上，重视培养学生跨文化交际能力的条件支撑体系。同时，跨文化英语教学必须注重培养学生对异国文化的兴趣，使他们乐于了解外国文化，要以开放、欣赏的态度对待异国文化。在中国扩大开放的国策影响下，越来越多的国人乐于接受异国文化，愿意以包容、开放的态度了解、适应异国文化。但放置在大学教育领域就必须考虑如何将这种兴趣转换为真正的交际能力。

故而，在跨文化英语教学中，我们不能再像以前那样单纯地把目的语文化直接导入到教学中，而首先要进行双语文化的交叉交际教学。学生不仅仅要了解目的语文化和母语文化知识，更重要的是他们要学会如

何用英语表达这些文化,使他们已经掌握的文化知识内化、生长成为他们自己独有的、具有个性化的精神财富。中外文化兼容并蓄,学生的文化理解能力就会得到提高,学生的评价能力和整合能力就能日趋完善,学生就能学会用敏锐的洞察力和恰当的移情能力理性地、批判性地接收各种文化信息,以博大的胸怀和高度的智慧妥当处理不可避免的各种中外文化冲突。

(一) 强化英汉文化教学均衡化,防止"中国文化失语症"复发

世界一体化全球化是各个国家互融互通的结果,而非单向主动。我们在借鉴和吸收外国的先进技术和文化精华的同时,也要向全世界介绍自己的优秀文化和科技成果。但现实的进展情况却与社会发展的需求与愿望存在着很大差距,我们不难看到:有许多能讲满嘴洋文的大学毕业生不仅对外国的历史文化、社会习俗知之不多,而且对本民族的传统文化习俗也知之甚少,更不用说用英语表达,"中国文化失语症"在某些地区已经成为普遍现象。因此,要让中国走向世界,我们必须在跨文化英语教学中更加重视英汉文化的均衡植入,也要利用英语这个工具来传递中国传统文化。

实质上,从理性层面讲,英语教学中文化教学的目的并不是要让学习者归化于目的语文化即削减性学习英语教学过程,而是要让母语文化和第二文化在学习者身上形成互动,让学习者具备文化创造力。英语教学不应该是学生自觉采纳与同化的过程,而应该是大学生对英语及文化辩证认知与"提高意识"、培育能力的过程。文化教学的目的并非秉承异化原则,而是要让学习者在习得英语知识和文化过程中通过"跨文化对话"提高跨文化交流意识和跨文化交际能力,最终实现本族文化与外来文化之间的互动、交流和融合。教育主管部门及教师应该补位三个条件、发挥三大作用,引导学生在用英语进行跨文化交流的过程中,正视中国文化的主体性和保持一定的文化道德底线，消除并防止"中国文化失语症"的重复发生。

（1）补位行政职能，发挥教育主管部门的监督引导作用。教育主管部门是大学办学方向与质量的官方评价者。教育主管部门首先要做到与时俱进，时刻注意世界发展的动态，收集和掌握跨文化交际活动的各种详尽信息，采取措施，引起各部门、各学校以及各领域专家对于跨文化交际的重视和合作，将用英语表达中国文化的重要性记录在各类文件和大纲中，充分发挥其在文化教学方面的监督引导作用，并使其呈现在不同英语教学层次的测试之中，要在英语教学中实现中国文化教育的传授，要求各相关部门、各相关领域的专家学者以及各教学单位共同协作、相互沟通，发挥行政职能优势，健全优化督导执行教育政策，帮助大学跨文化英语教学始终走在正确的道路上。

（2）补位素质漏洞，发挥教师文化素养的辐射影响作用。不可否认，当前不少英语教师，在中国文化修养及英语表达中国文化方面都存在素质漏洞，这无疑对其教学产生了一定的影响。教师需要拥有较强的中西文化背景知识，并能够有意识地帮助学生具备平等文化观，从而培养学生能够使用英语表达中国文化，并有效地提高教学效果。教师不仅应该具备这种文化素养和宏观意识，还应该注重自身素养培训或培养对学生的辐射影响作用。如教师可以课堂为主阵营，利用自身"先学"优势，比较两种文化并向学生介绍一些中国文化的英语表达方法来平衡外来文化与本族文化之间的讲授比例，用个人对英语文本的独特精妙解答，引导学生有意识地认识到自己的"文化缺陷"并能够做出相应的弥补和改善，进一步强化他们对两种文化的理解，使他们能够更多、更加自如地运用英语来表达本族文化，掌握相关的知识结构和表述方式，最终在文化理解、文化吸收、文化创造方面积累个人素养。

（3）补位平台建设，发挥学生参与跨文化交际的兴趣优势。当前社会对大学生的素质要求越来越高，这带给其巨大的学习压力。出于学生跨文化交际能力培养的需求，大学必须要创设更多的语境平台，为学生跨文化交际拓展更多实践空间。例如，参与外教课和类似于模拟真实生活情境的教学活动可以培养学生参与跨文化交际活动的主动性，感受跨文化交际活动的深刻意义。学校和教师还应该鼓励学生积极参加国际性的各种跨文化交流活动。像中国举办的各种国际性赛事、国际性会议以及其他大型活动，而这些活动往往需要大量的工作人员和志愿者，这为学生提供了难得的参与到真实的跨文化交流中的机会，教师和学生都要多注意收集这些资讯，并能够主动地参加各种跨文化交流的活动。作为一个大学生要想具备良好的中英语言和文化基础知识及技能，必须积极参与跨文化交际活动。如此，大学生既能够认识到世界对中国文化的关注，同时又能够意识到中国文化英语表达的困难之处，进而能够自觉地产生对本族文化的高度认同和感受，并能够积极地增强用英语表达母语文化的能力，建立进行跨文化交际的自信心，最终实现有效传播中国文化的目的。

（二）发挥母语正迁移作用，坚决杜绝"猴子掰玉米"现象

"猴子掰玉米"现象，是对跨文化英语学习中"学英语、丢汉语"问题的一个比喻。从本质上说，大学英语教学是通过东西方两种文化的交流和融合，在学生早已形成的汉语言文化背景中移入英语语言文化，最终使学生拥有双语能力，并能够了解两种文化不同的思考方式的过程。在学生的汉语文化背景已经形成的情况下，汉语的文化迁移在英语学习中会不可避免地发生。那么如何在大学英语教学中营造一种"文化语言氛围"，既注重强调技能培养，又加强语言的客观文化背景、交际环境以及思维方式的差异的学习，提升跨文化英语教学的育人价值。

同时，在学习过程中，高校学生的已有知识会对新知识学习产生影响，我们把这种现象称作迁移。促进新知识学习的迁移称为正迁移；阻碍新知识学习的迁移称为负迁移。行为主义心理学认为，学习者母语习惯负迁移是英语学习中所犯的错误或遇到的障碍的原因所致。本书中讨论的文化迁移是指由文化差异而引起的文化干扰，其表现为：在跨文化交际中，或英语学习时，人们不由自主地用自己的文化准则和价值观念指导自己的言行和思想，并以此为准则去评判他人的言行和思想。

文化负迁移主要表现为语言使用不得体。这种"不得体"会使人们在交际过程中交流不顺、产生误解甚至引起冲突与仇恨，因此要重视这种迁移，要逐步提高语言学习者的文化素养，认真学习英语国家的文化知识，提高语言学习者的文化敏感性，逐渐消除文化迁移对英语学习与使用的影响。故而，大学英语跨文化教学应努力设法预测学习过程中可能会出现的文化迁移，通过对英汉两种语言进行分析比较，减少汉语文化的负迁移，正确地利用母语正迁移的作用，促进汉语文化的正迁移，从而提高大学生的英语语言交际能力。在消除母语的负迁移，发挥母语正迁移作用方面，我们可以从如下几个方面进行尝试：

（1）将英汉语言文化与大学英语教学放在同等重要的位置。如果一个人所学语言的文化与所学语言密切相关，熟悉与语言密切相关的文化知识有助于保证使用这门语言的整体性。作为大学英语教师应高度重视英汉文化因素在大学英语跨文化教学过程中的重要性，提高学生对英、汉文化差异的敏感性和适应性，树立文化意识，在传授语言知识的同时同步传授文化知识，根据学生的现有水平、接受能力和理解能力，确定文化学习的内容。同时，教师作为教学过程中主要的组织者和指导者，切忌凡事事必躬亲，这样会压缩学生在学习中的自主空间。

（2）将大学英语教学应与文化教学结合起来。在跨文化英语交际中，语言作为音义结合的符号系统,会随时间、空间和社会需要的变化而产生不同的变体。将其放置在英语教学中,我们可从语音、词汇、句法和篇章等具体层面建构语言的文化功能。同时可以让学生通过听说读写、看电影、看录像、举办外国文化知识专题讲座等具体的语言实践了解英语国家的文化知识。另外,可通过汉语与英语的对比,有意识地探讨两个语种的语言结构和文化内涵之间的异同,从而帮助学生逐步形成跨文化交际的意识和文化敏感性。在比较的基础上,精选出英语文化中主流文化的内容和承载有比较突出的文化特征的内容,如文化习俗、饮食习惯、地理特征、宗教信仰、词语掌故、历史事实等内容的材料予以专门讲解分析,不断使得英语教学有趣味、有广度。

(3) 将文化意识的培养作为大学英语教学的重要目标。不论哪种文化,其都蕴藏于语音、语法、词汇、对话、篇章乃至认知模式的各个层面上。在跨文化大学英语教学中,教师应该将文化意识的培养作为大学英语教学的重要目标,引导学生循序渐进,避免偶然、盲目地接触西方文化。教师应根据各阶段教学过程的特点,通过进行英汉文化的系统对比,使学生有意识、有目的地了解英语的思维和认知模式。在教学中,教师应注意收集、积累并充分利用好英语文化背景知识和社会风俗习惯的实例。实际上,许多语言材料都以家庭成员之间、朋友之间的交往接触为素材,如果结合录音、录像进行教学,一定会使学生产生犹如与人面对面交谈的临场感。教师在教学中还应指明其文化意义和在使用中的文化规约,这种文化背景知识的教学不仅会使学生对所学内容有更深刻的理解,而且会极大地促进教学质量的提高。与此同时,教师还可以利用一些原版电影和录像片来培养学生的文化意识,可在圣诞节、复活节等一些西方特有的节日里开展一些课外活动,让学生充分了解西方人的风俗、习惯和礼仪等,以培养学生的跨文化意识和良好的学习习惯。

(三) 树立语言文化平等意识，聚焦学生文化移情能力的培养

文化的产生与发展是国家历史与人类文明的重要标识。不同文化的历史渊源存在显著差异，其各具特色且彼此平等共同构成世界文化。因此，跨文化英语教学中，英语教师要注重教育学生充分认识世界文化的特性，帮助学生树立语言、文化平等观，提高学生的多元文化意识，加强学生文化移情能力的培养，使学生能够以平等的心态来对待外国文化，以科学的标准去把握中国传统文化，逐渐淡化母语文化的优越感，也要逐步摒弃已有的对异国文化的偏见或成见。

1. 树立语言文化平等意识

不同文化通过交流才有了更为丰富的内涵。但这种文化上的交流不应该是单向的，而是彼此之间互为影响。跨文化交际是两种或者两种以上不同文化之间相互交流的过程，交流双方应该充分了解对方的文化特点，尊重对方的文化习惯，相互体谅，促进交流。在不同文化接触过程中，要了解、尊重彼此的文化，宽容地对待文化的不同点，只有这样才能实现不同文化之间的真正交流与理解。教师首先要引导学生认识到不同文化进行接触时文化差异导致碰撞和误解，且这种碰撞是可以理解的。其次，在跨文化教学中，应注意平等意识的建立，参与交流的双方在交流过程中都是平等地位，任何片面的权威或者独占真理以及固执己见、差强人意都是错误的。任何一种文化都有其能够长期持续发展的原因。要知道没有一种文化可以凌驾于其他文化之上。对于不同的事物，要协调它们之间的不同，达到和谐统一，从而促进其发展，形成不同的新事物。事实上，不同的文化一方面要保持自己所特有的特色，另一方面要相互交流、融合，形成一种动态的平衡。

由于英语语言的特殊性，进行跨文化交际的首要目标语言就是英语。如此目的主要有两个：一是为了能够与所学英语的使用者成功地进行交

流，从而了解、学习他们文化的精髓；二是用所学英语准确地介绍、传播本民族的文化特征，让世界更好地了解本民族，从而减少在跨文化交际过程中所产生的误解、冲突。因此任何放弃本民族的文化特征而去单纯学习英语的观点都是错误的。每一种文化都有其独特的优点和长处，都是人类解决各种问题的经验总结。当前世界经济日益全球化，各国文化日益多元化，在跨文化交际过程中，每一种文化都应该取长补短，不断充实自己。在跨文化教学中，学生应该重视西方文化的学习，由于西方文化对于学生来说是很陌生、以前没有接触过的新事物，但不应该唯西方文化为尊而否认本民族文化的优点。在跨文化交际过程中，要彼此尊重，在平等基础上交流，相互比较、鉴别，相互吸收、融合，共同发展。

出于多元文化的互通需求，跨文化英语教学中我们必须打破母语文化与目的语文化的桎梏，容忍、尊重和理解文化差异，积极寻找文化之间的共性，真正树立语言文化平等观。同时，在动态的交际语境中，我们要不断调整文化参考框架，不断地相互协商，积极地建构跨文化交际的过程，从而实现共同期待的交际目标。在英语教学中，我们应该让学生接触不同模式的文化，而非单一的目的语文化，以便增长他们的见识，以培养学生主动地、动态地去"适应"多元文化交际的意识和能力，如此也能提升学生对英语人文性与母语人文性的深度理解。

2. 培养不同文化间的移情能力

第一，文化移情的内涵解读。文化移情所指有两个表现：一是跨文化交际过程中，交际者自觉地站在对方立场上思考问题；二是交际者有意识地超越本民族文化的定式思维模式，突破自身文化的约束，从另一种文化的角度来思考问题。通过以上两点，交际者能真实地感受、领悟和理解另一种文化。可以说，文化移情是跨文化交际中的一种有效的沟通交流能力，是连接交际者的语言、文化和情感的纽带。

在有效的跨文化交际过程中，文化移情能力是指交际者换位另一文化模式中思考、体验、表达的能力。如此，交际对方也能感受到文化移情者的理解。文化移情主要表现在两个方面。一方面是语言语用移情，指的是说话者刻意地使用某些语言向听话者传达自己的某种心态和意图，以使听话者准确地领会说话者的话语含义；另一方面是社会语用移情，指的是交际者都要自觉地站到对方立场上，尊重彼此的文化习俗，宽容彼此的文化不同点。一个具有良好文化移情能力的人应该是与时俱进的学习者，并持有态度开放的文化价值观。文化移情能力的高低，影响跨文化交际能否顺利进行。由于文化差异，人们的文化取向、价值观念、宗教信仰、伦理规范、思维方式、生活方式和习惯等都不相同，在跨文化交际过程中，不可避免地会产生文化冲突，如果交际者文化移情能力强，他就能摆脱自身文化所形成的定式思维，进而减少由于文化移情导致的文化冲突，使得跨文化交际高质量进行。

第二，文化移情具有必要性。从人类历史进入文明社会，文化所涉及的范围随着人类的实践活动而不断扩大。由此，世界各民族在相对独立的环境下各自发展，形成了各具特色的文化。各民族的文化都植根于本民族的土壤，都具有鲜明的民族特色。各民族在社会背景、政治和经济制度、文化传统、习俗等方面具有自己的民族特质，同样地，在民族意识和语言文化上也呈现出很大的差异性。交际者已习惯于本民族经过长期积淀而形成的语言模式和交际模式，在跨文化交际中，如果没有文化移情的意识和能力，很可能以本民族的交际模式同来自其他民族文化的人进行交际，最终可能因文化的不同而导致隔膜、误读乃至冲突。例如，中国人一般在得知亲人或朋友生重病住院后，会在第一时间赶过去慰问，以表关切，而病人见到来慰问的亲人或朋友也会感觉很温暖。而美国人在同样的情形下可能会考虑尽量少些打扰病人，而病人本身也希望多些静养。可想而知,倘若是国人一旦得知对方生病就必然会第一时间去探望,殊不知打扰了对方静养,反而会招致反感。故而因此,交际者必须具备文化移情的意识和能力,才能在跨文化交际中冲破文化障碍,减少误会及文化冲突,达到有效交流和沟通的目的。不过由于大学生心智尚未完全成熟,其文化移情意识还不强,移情能力欠缺,还需要通过教育引导等手段不断加强。

第三,文化移情能力培养策略。文化移情能力的培养,实则是对交际主体的文化敏感性和宽容性的培养。①培养主体应该把交际客体视为与主体在文化价值观、信仰、态度、思维方式、审美方式、行为方式等诸多方面都存在着差异性的对象。为了避免文化碰撞,交际主体必须了解对方文化中所奉行的社会规范和语用规则等。②提高跨文化交际中的文化敏感性主要在于提高感知的敏感性。跨文化交际中产生的问题,首先是由感知方式的差异引起的。一般地,跨文化交际移情能力的培养取决于五种社会文化因素,即信仰、价值观、心态系统、世界观和社会组织,对感知产生着直接而重大的影响。具体来说,要移情,最好能选择对方语境与生活情境中感受与体验,熟悉他们生活的方方面面。例如,语言在实际生活中的使用、风俗习惯、文化传统等。如果没有到对方国家生活的机会,可以通过看电视、录像、图片和书籍等来增加自己对对方文化的认识。每个文化都有自身的渊源及特点,它同语言一样无高低优劣之分。交际者应避免成见与偏见,与对方建立平等的关系。只有对异国文化不断增加理解,并对其持尊重和宽容的态度,才能避免心理障碍的产生,逐步培养文化移情能力。笔者认为,要想在跨文化交际中实现移情,必须要通过以下六个步骤才能完成。

一是承认差异。世界是多元化的,不同的人看世界是不一样的,因此个人与文化之间存在大量差异。

二是认识自我。对自己的优缺点有一个客观的评价。

三是悬置自我。想象自己是任意的界域,是超出自我和世界的部分。

四是体验对方。想象自己处在别人的位置上,设身处地,真正体验、理解另一种文化。

五是准备移情。做好移情准备,要与时俱进并持有态度开放的文化价值观。

六是重建自我。在享受另一种文化所带来的激情与欢乐的同时,交际者要对自己本民族的文化有着清醒的认识,要认识到自己本民族文化的优势。

总而言之,只有在多元文化中才需要文化移情,也唯有在多元文化间文化移情才有其存在价值。在跨文化交际中跨越文化障碍,成功地进行交际,就必须借助文化移情。由于文化具有平等性,文化移情必须坚持适度原则。每个民族都应该积极维护民族尊严,不卑不亢。在英语教学中,需重视对学习者文化移情能力的培养。英语教师宜在正确的文化移情理论指导下,利用课外时间,通过适当的实践活动,使学生置身于英语的气氛中,从而增强学生运用英语语言知识和其文化知识的能力,这样的实践活动很多,例如观看英文原版影视作品,举办英语演讲比赛、英语征文比赛、英语书法比赛,学唱英语歌曲,背诵英语诗歌,开设英语广播,发行英语手抄报,英语板报,举办英语晚会,组织英语角等。现在网络很发达,学生也可以通过网络与外国友人聊天、交笔友等。这些实践活动可以强化学生文化移情意识、锻炼学生文化移情能力,从而帮助受教育者适应全球化态势下的多元文化交流需要,使得跨文化交际能够获得更强力的保障。

(四)强化跨文化交际意识,增进对差异国文化的认同度

英语教学过程中,教师引导之下大部分学生都能够生成符合语法或句法规则的句子，但其表达方式往往无法做到精准到位，失却了英语的味道。也正是由于其忽视了习得语言中的文化因素，导致说出的话成了缺乏英语味道的句子，从而导致交际失败。这主要是由于交际双方未能达成文化认同而造成的。文化认同往往是个人对于自身的文化及所依附的文化群体产生的归属感，并在此基础上获取个体文化，同时对其加以保留与丰富的社会心理过程。文化认同涵盖了对社会价值规范、宗教信仰、风俗习惯、语言、艺术等方面的认同感。日益频繁的国际间合作使各国家、各民族之间的关系更加紧密。不同民族一方面不断地壮大和创新自身文化，另一方面又都在潜移默化地与其他文化进行密切的交流和互动。在这一过程中，人们不断地对本族文化和异族文化进行异同对比并对此产生深入的认识和了解。不同民族之间以寻找共同话语为前提，放弃或变革一些原有的看法和行事标准，达成求同存异的目的；同时要加强自身文化自觉性，树立跨文化交际意识，提高对于本民族文化的认同感，确保本民族文化的生存发展权利。跨文化交际中，人类需要在不同民族的交往中建立相互的文化认同感，从而克服跨文化交流中遇到的阻碍。

文化认同是人类在对自然认知基础上的提升，可以对人类行事准则和价值取向产生决定性影响，它是人类对于文化的内涵产生的共识与认可。基于此，文化认同经常作为语用原则指导具体的跨文化交际活动。

从实质来看，英语跨文化教学中，教师应该重视文化认同的需求与力量，自觉地对中西文化进行对比，着重介绍中国文化，让学生充分了解优秀的中国文化，并能够注意引发学生的民族自豪感，指导学生完成中国文化的英语表达，借此推动中国的传统民族文化精华在国际上的传播。同时，英语教学可以让学生更加了解世界和中国，而精通跨文化知识的学生能够让世界更加了解中国，让中国优秀文化走向世界。本族文化的接受往往是一种潜意识的状态，由于缺乏有意识的引导和刺激，人们几乎不会反思自己赖以生存的文化，即使偶尔有类似的想法，也常常困惑于文化现象的繁杂无序，从此望而却步。进行文化教学就是为了加强学生对本族文化的了解和掌握，防止学生产生民族中心主义思想，帮助他们理性地认识自身的价值取向和行事习惯，进而使他们养成开放、灵活的思维模式。费孝通认为，文化自觉需要经历一个艰巨的过程，认识自己的文化是前提条件，然后再了解周围的多元文化，才能够在现今的多层次文化世界里定位自己，自觉地适应多元文化的存在，并和各种文化不断地进行碰撞和交流互补，共同创造能够被普遍认同，但融合各种文化而协调共通的交际秩序和共处守则。

（五）理性分析英汉语言文化及思维方式的差异

英语跨文化交际的发展，推动了英语语言的普及。当英语教学在不断地走向完善，人们也日渐意识到，了解目的语言的特点是学好英语的前提，而了解目的语言的特点最有效的方法是与母语进行比较，发现并熟悉各自语言的特点，加以科学的分析，找到其差异的因素，这不仅有助于确定教学的重点和难点，增强教学的预见性和针对性，并有效地提高教学效果。

我国著名语言学家吕叔湘曾指出，让学生认识英语和汉语的差别对中国学生学习英语具有巨大的帮助作用。在英语跨文化教学过程中，在词形、词义、语法范畴、句子结构等具体问题方面，教师都要引导学生尽量进行英汉两种语言的比较，通过比较使学生获得更深刻的领会。然而，实际的英语教学通常要借助多种方法，如直接法和对比分析法。直接法强调学生直接接受英语，让学习者摆脱母语的影响，主要通过模仿来学习英语。这一方法主要适用于针对儿童的英语教学的初级阶段，因为儿童受到母语的影响还不是很显著，通过直接法可以培养学习者用英语进行思维和交际的能力，获得较强的英语，语感在听说能力方面的效果特别显著。不过对于年龄较大的学习者，特别是面临纷繁复杂的语言现象的学习者，直接法并不能达到显著的效果，由于母语的干扰阻碍了学生的模仿能力和接受能力，妨碍了学习者英语水平的提高，这时对比分析法无疑更适用于这些学习者，特别是两种语言表述、文化内涵、思维方式的对比分析。借助这些对比分析，英语学习者能够移情而降低母语干扰，主动进行英语跨文化交际，逐步增强自觉性，提高英语水平和应用英语交际能力。

英汉语言中，中西文化与思维方式有着显著的表现差异，如：西方的理性思维与中国的悟性思维是英语与汉语的哲学背景。这一深层差异必然表现在用词、造句、成章的各个方面，如：英语较常受亚里士多德的演绎法逻辑思维模式的影响，常用"凸显"语序；常用形合法、结构被动式和概括笼统的抽象性词语；注重显性衔接、语法关系和语义逻辑，注重形式接应，"前呼后应"；喜欢词语和结构的主从分明、长短交错和替代变换；表达方式上呈现出比较严谨、精确，模糊性较小，歧义现象较少等特点；用词造句方面能够遵守严格的词法和句法，造句成章也服从某种逻辑规则，适合于科学思维和理性思维。汉语常用意合法、意念被动句和生动具体的形象性词语；常采用非演绎式的、往往是领悟式的归纳型、经验式的临摹型或螺旋式、漫谈式的思维模式，注重时间先后和事理顺序，常用"自然"语序；注重隐性连贯，较常只把事情或意思排列起来，让读者自己去领悟其间的关系；注重语流的整体感，喜欢词语和结构的整体匀称、成双成对、对偶排比和同义反复，表达方式注重整体性，较多依赖语境；而汉语则通常需要整体领悟，借助语感、语境、悟性和"约定俗成"对不同的文化与思维方式进行理解与分析。

如此看来，英汉语言层面的对比分析，可以帮助跨文化教学形成效率上的提升，如此对跨文化的交际也有较大的帮助。在对比分析的过程中，人们对英语和母语的各自特性能够获得更进一步的认识，对不同语言各自的表现形式和方法给予更多的注意。所以，在进行跨文化交际时，要更加有意识地顺应这些差异，减少因文化理解不到位而产生的表达失误，最终顺利完成交际。

三、立足教育规范，构筑跨文化大学英语教学的行为体系

跨文化交际能力的培养是跨文化大学英语教学目标的重要组成。跨文化交际能力的行为层面包括解决问题的能力、建立关系的能力、在跨文化情境中完成任务的能力。良好的个人文化适应和人际互动，应能帮助人们在跨文化情境中有效地完成工作任务。在跨文化英语教学中，教材的选用与教学策略的运用等行为体系直接影响到学生跨文化交际能力的培养，能够帮助推进任务的完成。

（一）教材内容的编写与补充

在跨文化英语教学中，课程教材同样是教学内容的主要承载者，是教师和学生教与学的主要依据和向导。当前大学英语教学所依托的教材存在文化内容呈现不足等问题，严重影响了学生跨文化知识的学习和跨文化技能的提高。学生自我感觉对文化知识和文化技能的掌握十分有限，这与教材的编排与内容的选择有直接的关系。跨文化教学需要在教材编排及内容选用上进行更适配的调整。

从其功用来看，教材编写必须专注于对学生跨文化交际能力的提高层面。同时还要注意设计形式多样的练习对学生在纷繁复杂的跨文化语境中进行交际所需要的各种技能加以训练。如从跨文化知识的导入入手，解释语言表达中的文化内涵扩大与文化有关的知识面；通过案例分析与点评，提高学生的全球意识与跨文化敏感度；通过情境模拟、角色扮演

等让学生接触各种跨文化语境中的跨文化冲突以培养学生观察与分析跨文化问题的能力；进入培养学生观察跨文化生活或工作环境中的文化问题，如各媒体所报道的新闻或通过各种调查，或在实习中观察跨文化语境等，这些方法都是提高学生实际能力的关键要素与途径。如果教师在课堂中忽视这一教学环节，就不可能真正提高学生的跨文化交际能力或只能提高学生的跨文化意识或跨文化敏感度。英语教学只有在现实语境中进入到培养学生跨文化交际能力阶段，学生的知识积累和跨文化意识才会获得最大程度的外在表现，学生跨文化交际能力才能有更大的提升。

1. 教材编写应着力于语言与文化内容的自然融合

大学英语跨文化英语教学对教材的依赖性十分突出。建议教材编排以文化主题为单位，在每一个部分中都重点突出文化、突出语言，在文化的潜移默化中，让学生更好地、灵活、牢固地掌握语言的使用。张红玲（2003）认为，"跨文化交际英语教学的核心思想就是语言内容和文化内容的有机结合。语言和文化同为教学的目的和手段两者不可分割。在新编教材中，系统的文化主题构成教材的主线，而语言教学的内容实际上与这些文化内容融合一体"。

从这点意义来看，跨文化英语教学教材，必须充分考虑学生学习英语的需求、语言环境、知识结构和层次等多方面因素，并涵括社会习俗、历史、宗教特别是价值观等方面内容，介绍西方不同国家的文化元素和中国传统文化，融入中西文化对比研究，让学生学会如何对待差异。

同时，新教材编写要有助于培养学生批判性思维技能，要求学生以一种审视的眼光与批判的思维方式看待目标语国家事物体验与本国文化不同之处。培养学生如何进行有效文化沟通。教材包含和传授的内容要充满积极的、使人奋发向上的精神，要将人类优秀的文化、高尚的思想道德通过语言潜移默化地传授给学生，要对学生世界观和价值观的形成产生深远的影响。整体来说，教材编写在内容题材上的选取必须要重视以下层面问题：

（1）文化背景介绍。要根据文化主题需求，适当地介绍目的语国家的历史、民族构成、政府机构、政治情况、经济发展与教育情况的基本特点，使学习者对于目的语文化有较为全面的了解。

（2）文化特色展示。选取母语文化中较为独特的优秀的侧面，增强目的语文化与本族文化的对比，培养学生对于文化差异的感知力和敏感性。

（3）文化差异对比。要尽力夸张文化的对比，使其不仅局限于本族文化与目的语文化的对比，还可以与其他非主流文化和主流文化进行对比，让学生对非主流文化和主流文化产生同样的理解和尊重。

2. 教材编写应在内容安排上做到循序渐进

不同国家的文化本身具有复杂性、动态性和多层次性，这也就决定了教材编排不可能是固定不变、一劳永逸的。同时，根据难度教材的难易程度需要，以文化为主题编写的教材须是有渐进性的，可操作性的能弹性循环进行教学。唯有这样，学生对文化的体验与认识才能不断地理解和深化。教材内容的呈现要按照由浅入深，由表及里，从已知到未知，从具体到抽象的序列进行安排。同时建议，课程内容在不同阶段上重复出现，范围逐渐扩大，程度不断加深。再有，跨文化学科的教材要具备系统性、一致性、层次性、前沿性以及时效性的特点，注重与时俱进，编排体系既体现西方国家的人文精神，又映衬出国内对人才需求理念所发生的重大转变。教材既要体现出人文上关怀，又要定位好人文素养培养的目标，并满足其需求。

3. 教材编写应保证资源材料的生动真实

跨文化英语教学教材编写，必须遵循教学材料的生动化、真实化与语境化的原则。唯有如此，才能真正刺激学习者对所学的内容和过程在认知、心理、态度和行为层面产生反应，才能让学生真实体验到跨文化交际过程。所谓教学材料的真实性就是指能在现实生活中使用，而不是单单为了教学而设计。语言与文化是密不可分的两者，越来越多的语言学者和教育学家都认同，任何一种语言都不能脱离特定文化下的语境。只有在考虑语境的情况下，语言的表达与理解才能充分与准确。

故而跨文化英语教学材料选择必须符合两个要求：一是要与学生的生活实际相结合，符合学生的关注点和兴趣点；二是要保证教材中文化内容既有知识底蕴又折射出人文精神。再细化地说，文章的选取要原汁原味，语言流利、自然；话题紧扣主题，涉及东西方文化差异、沟通技能、文化知识等，所有的语境也均是在目标语使用的环境中，所有的信息都是在有文化意义的系统中进行传递。

此外，跨文化英语教材编写还应系统地将跨文化动态人际关系的构建与跨文化交际知识和实践紧密结合。教材内容上要体现文化的多元性、视角的多重性、问题的多样性以及回答的灵活性。如：跨文化交际领域所涉及的语言知识和非语言知识、不同国家的文化差异、不同民族的思维方式以及价值观的异同，民族中心主义、文化歧视问题和思维定式等因素对跨文化交际的影响，以及跨文化调适与适应等内容。这种跨文化关系的建构侧重培养学生相对文化论的观点，处理文化冲突和调适时的态度和情感，能够引导学习者进行换位思考，以友好的态度看待多元文化，有助于学习者深入了解认知其他国家民族的文化，突破文化单一论的局限，帮助学生理解语言与行为、价值体系与行为规范的关系，帮助学习者透过现象把书本知识和现实生活密切联系起来，从根本上了解和熟知本族文化与异族文化的异同和根源所在。也正是在综合性、动态性教材的引导下，每一个参与学习者都能以开放、包容的态度对待异域文化，对不同民族的文化价值观、风俗习惯、行为方式以及思维模式从不同的角度进行思考和评价；通过案例分析，以模拟训练的形式，让学生在课堂教学中体验到真实的跨文化交际，为学生在实际跨文化交际中遭遇的问题困境形成经验与方法借鉴。

4.教材编写要重视自主学习练习的设置

跨文化英语教学中，要积极尝试"学习者为中心，引导学习者自主学习为主的教学模式"。庄智象认为，教材编写要重视整体布局设计，要增入自主学习内容，在练习设计上要更加注重适应教学和认知要求，设计应具备趣味性、互动性、针对性服务并促进文化和语言的习得。可以看出，教材内容的编排设计十分重要，既要有趣味性，能激发学生的学习兴趣，又要有针对性，使学生对设定的教学目标一目了然，让学生学得明白透彻。在练习的设计中要安排让学生自行组成小组进行讨论与分析的部分，让学生有空间去充分思考与审视文化因素，既能促进互动，又可体现较高的学生参与性。练习中要注重实践方法，为学生创造情景、语境；让学生在身临其境中去体验与感受，甚至让学生在模拟的情景与语境中去分析、讨论和运用，提高学生学习自觉性和自主学习的能力。此外，教材编写中安排学生自主完成的练习时，围绕单元技能或主题补充学生课外知识，使学生扩大知识面，对不同文化有更深入的认识和理解。在跨文化交际的课堂中，甄别并选择注解法、融合法、实践法、比较法和专门讲解法等常用的教学方法。建议教师还应该放开眼光，突出依托文化讲座、关键事件、文化包、文化群、模拟游戏等方法强化教材中文化内容的学习，使得教材内容选配能够采用差异化的教学方法，课堂教学形式更为灵活，学生接受难度进一步降低，且趣味十足。

（二）跨文化教学能力的专项训练

英语跨文化交际需求的提升是世界文化多元化发展的一个折射。如上所述，跨文化交际能力的培养已成为新世纪跨文化教学的主要目标，自觉的跨文化意识以及对异族文化的敏感性和洞察力是跨文化人必备的素质。但显然在师资素养专项培养层面难以满足日益增长的跨文化教学需求。鉴于此，展开对教师的跨文化训练势在必行，也唯其如此才能让跨文化教学真正成为学生未来跨文化交际能力培养的领路人。

要适应跨文化教学需求，强化教师的跨文化训练。世界经济全球化和文化多元化进程的快速发展，使得语言的使用更多地脱离开语言发展的原有的社会文化环境。在非母语环境中使用时，该语言必然要经历再语境化的过程，这期间，此语言与一种与其本族文化不同的文化发生了关系并彼此相互作用，造就出一种新的交际模式。我们可以看到，发生变化的不仅仅是交际进行的大环境，从本族文化和社会到地方文化和社会，各种交际环境都在发生变化。很多以该语言作为英语使用的人会有意识或无意识地把自己文化中的价值观念、行为规范和交际模式应用到英语交际中，使得语言使用的小环境，其中包括对交际场景、交际者之间的关系、有效交际和礼貌交际的态度等也发生了变化。总而言之，语言一旦脱离本族文化，经历再语境化，就会与地方文化发生联系，这就为英语教学中跨文化培训的开展提供了条件和机会，并使其成为可能和必然。

1. 跨文化训练目标的确定

训练目标的确定，须基于既往研究成果，提出跨文化训练的目标，即使得个人思想、感情以及行为发生较大改变。

一是个人思想的改变。跨文化训练要立足传统认知，主动改变参与者的思想，以达到四项目标，即能够换位至目的语国家视角来理解其表现出的思想行为；减少对目的语国家负面的刻板印象；改变对其他文化过度简化的思考方式；发展出一套较完整与复杂的系统，以资对其他文化有更深入的了解。长期的跨文化训练，能够让受训教师，学习到所谓"世界性开放心灵"的态度，并反观深入地理解本土国的文化。

二是个人感情反应的改变。跨文化训练在情感方面，试图改变参与者在与目的语国家互动时，建立正面性的感情。这包括五种改变：培养一种欣然与不同文化的人们互动的心情；能够驱除与不同文化人们互动时的焦虑感；发展出能够与不同文化人们建立工作关系的感受；能够喜欢给指派的海外责任；能够容忍、欣赏甚至接受文化差异的心态。

三是个人行为的改变。跨文化训练在行为方面，试图改变受训教师的行为举止，以便有足够的能力与来自不同文化的人们，建立人际间关系、增强工作表现、日常生活的互动等以行为为基础的表现。其中项目包括：能够在多文化的团队里，与队员建立良好的人际关系；能够适应在目的语国家每天承受的压力；能够发展出良好工作表现的能力；能够发展出让目的语国家人能够看到强大的沟通能力；能够帮助他人达到与目的语国家建立良好关系的能力。

跨文化英语教学的有效进行，要求英语教师既要具备深厚的语言功底、较强的交际能力，具有丰富的教学经验，又要能够了解学生的认知心理、情感特征和教学规律。教师的跨文化交际能力和跨文化教学方法直接影响跨文化教学的进行。依照教师本身的训练需求，要制定差异化的训练目标与采用方法，从而提升其跨文化培训或跨文化交际的需求。跨文化英语教学，将语言、文化、交际三位一体的关系作为理论基础，以文化教学和跨文化交际能力的培养为核心。当前，大部分教师的文化知识和交际能力薄弱，采用的教学模式和方法已不能满足当前跨文化教学需要，这种状况和教师缺乏跨文化培训有直接的关系，所以学校必须针对教师开展跨文化培训，有意识地强化教师跨文化教学的理念，提高教师的跨文化素质，鼓励广大英语教师注意跨文化知识在英语教学中的应用研究，以提高学生的跨文化交际能力。可以说，给教师以足够的机会空间去进行跨文化交际能力培训是必需的，更是亟须的。

2. 跨文化训练价值的思考

一是英语文化知识的积累。跨文化训练能够帮助教师拓展文化知识，增加文化知识储备，促使教师能够更加深入地理解有关文化、跨文化交际、跨文化交际意识和跨文化交际能力等重要概念的深刻含义；促使教师更加深入理性地看待语言、文化和交际三位一体的关系，帮助教师认真思考差异国文化的特点，更为明确英语作为国际中介语和国际通用语的重要作用。

二是跨文化意识的增强。跨文化训练可以帮助教师增强跨文化敏感性和提高跨文化交际意识。同时帮助教师更加切身地感受到文化在社会、生活各方面的重要作用及其对跨文化交际所产生的重大影响；充分发挥英语教学的文化教学功能，主动了解不同文化，积极主动地与来自不同文化的人进行沟通、交流；使教师善于发现不同文化之间存在的差异并能够以正确的方式，以宽容、理解和欣赏的态度对待文化之间存在的差异；帮助教师将不反思言行常态化，能够有更为丰富的经历来应对跨文化交际活动，且能够时常清楚自己的跨文化敏感性的发展过程。

三是文化行为的自我检视。跨文化训练能够让老师对文化行为作出相对客观的评价，帮助教师不断调整自身的文化行为，使教师能够灵活多变地根据不同文化的特点使用恰当可行的交际策略，调整自己的交际方式去了解新的文化群体，与来自不同文化的人们建立友好的关系，不断提高教师对自身跨文化交际能力的审视。

四是文化教学的深层认知。跨文化训练的最终价值体现不仅仅是在教师素养的提升，更主要的是帮助教师给予学生在跨文化交往中更强的素质、更大的自信。因此，跨文化训练能够帮助教师明确文化教学的目的，帮助、指导教师进行文化教学大纲和教学教案的设计，帮助教师合理选用和使用教材，适当选择、补充课外材料，采用切实有效的文化教学方法、合理布置文化学习任务，确定合理可行、可操作性强的文化学习的评估方案。

3. 跨文化训练方法的选择

不同的教师，其跨文化交际的素养显然会产生一定差别。跨文化交际训练方法的选择也必然会因为教师的不同而提供不同方案或者为教师提供 N 种不同的培训方法予以选择。具体训练方法及训练内容陈述如下：

一是多元文化形式培训。这种培训涵盖了可以利用的所有传统培训途径与方式。如通过关键事例、案例分析、讲座、录像、阅读、文化包、戏剧表演、电影、问答和讨论等手段，由培训者向受训教师传授目的语文化中所关联的所有知识。

二是归因解释培训。该种培训主要用以教师对目的语国家人举止行为的解释服务。目的在于使受训教师了解并掌握目的文化的价值标准，从而根据目的文化的价值标准去对社会行为和言行举止进行归因解释，这样有助于移民和旅居者更快更好地融入到目的文化中去，这种培训常常采用文化模拟的方法。

三是文化意识培训。主要用以对文化意识相关概念、相关特点跟文化差异的本质，旨在增强受训教师的文化意识，树立文化相对论的思想。通常借鉴文化人类学的研究结果，以目的文化和受训教师的本族文化为实例进行培训。具体方法有价值取向一览表、价值观排序表、个人意识建构、文化对比分析等。其他一些普遍文化学习的方法也都适用，如模拟游戏、感知练习、语言和非语言交际活动等。

四是认知行为优化。即跨文化教学不断利用学习理论来解决跨文化调适中一些特殊问题的方法，结合一些学习者感到特别困难的目的文化的特点，让受训教师列出在自己本族文化中被认为应该表扬或惩罚的活动，帮助他们对相同活动在目的文化中的不同反响进行分析和学习。

五是体验式训练。跨文化教学训练中对教师素养考验最大的就是能够引导学生去置身目的语文化氛围中去理解文化的差异性。故而，教师首先要具备这种能力。体验式训练也正是聚焦学生的这种需求而进行的。其目的在于把受训教师的情感、行为和认知等各层面的因素都调动起来，采用实地考察、情景练习、角色游戏、文化浸入等体验式学习方法，使受训教师在亲身经历和体验中学习。

六是互动式训练。这种训练一般是通过结对子的方式进行，受训教师为结对一方，目的文化群体的人或有丰富跨文化交际经验的人是结对另一方。通过开展一些互动活动，帮助受训教师更多地了解目的文化。对英语教师的跨文化交际能力和跨文化教学能力的培训涉及文化意识、文化知识、文化能力和文化教学等诸多层面的知识，需要由英语教学、文化学、社会学、跨文化交际学等许多学科的专家共同努力才能完成。不仅需要培训教师精心准备和组织培训内容和复杂的培训过程，也需要受训教师全身心投入配合。教师培训是一个漫长的过程。教师不可能通过一次培训一次性获得所需要的所有知识和能力，因此教师培训的重点要放在使教师学会自我提高的方法上，使教师自主提高，勇于研究与创新。

4. 跨文化教学方法的培训

跨文化培训可以提高教师的跨文化交际能力和文化教学水平，可以减轻教师的心理压力，增强教师文化教学的自信心，更加精力充沛地组织教学活动。跨文化教学往往是服务于学生的，但其首先需要对教师素质做出要求。事实上，当前反思教学和课堂教学研究这两种方法越来越受到教学研究者和教师的高度重视，而被用于教师培训和教师自我发展。下面就两种方法的应用进行阐释说明。

（1）反思教学。反思教学主要是通过自我对照来帮助教师对日常教学行为做出理性思考与评价。其目的在于发掘教学过程中的问题，并为今后的教学提供经验和启示。反思活动可以是反思者自己或他人如教师培训者有意识发起的，也可以是由于教学中发生的某件事、产生的某种心情或遇到的某种困难等客观条件刺激的结果。反思对于教师业务能力提高的作用被归纳为一个反思循环，即教师在教学实践的同时，需要不断进行反思，才能促进自己业务水平的提高。

将反思教学放在跨文化英语教学情境中，教师往往需要更加关注其中语言教学和文化教学的有机结合。教师执行反思教学的重要意义体现在以下几方面：一是通过反思，教师对自己的文化教学和语言教学的态度和认识进行自我批评。对于跨文化英语教学这样一种较新的教学思想，态度和认识决定一切，只有对文化教学的价值有足够的认识，对文化教学充满热情才能保证文化教学的具体实施，反思为教师更新观念提供机会。二是通过反思，教师可以了解自己作为一个学习者的进步和不足。语言能力和文化能力的培养是一个终身学习的过程。在跨文化英语教学中，教师设计教学活动、准备教学材料、引导学生进行学习的过程，其实也是教师自身知识和能力不断发展和完善的过程。三是通过反思，教师可以提高自身的教学能力和水平，不断改善教学效果。独立地思考可以使教师对自己的教学经历和体会进行反思、加以总结，从中发现问题，研究问题，进而找到解决问题的方法；教师也可以参加各种学术交流与教学研讨活动，与其他教师商讨解决问题的方法，分享自己的教学体会。故而，教学反思很多时候是独立的、个体的理性思维活动，更是集体行为。无论反思活动以哪种形式体现，都能反映出教师对教学理念、教学态度和教学方法所进行的深入思考，都会积极促进教师教学水平的提高。反思教学研究可以通过定量和定性研究的方法，由个人独自完成，如采用问卷调查、案例分析、深入访谈、教学笔记、教学日记、关键事件等；也可邀请其他教师共同合作框架下加以讨论或项目研究。

(2) 课堂教学研究。从研究学术视角来看,认为课堂教学研究是一种系统的资料收集和分析活动,其进行的目的在于改善教学的某一领域。课堂教学研究活动中,教师可以运用已有的教学理论知识,对自己的态度和做法进行反思和记录,总结自己的教学经验,针对教学中遇到的问题,寻找解决问题的办法,并与其他同行交流体会,从而促进教学水平的提高和教学效果的改善。课堂教学研究不失为一种教师自我提高、自我完善的好方法。

课堂教学研究与反思教学有机结合能够极大提升教师独立工作的能力。教师一旦形成经常对自我教学行为进行反思的意识,就会经常自然而然引发对教学问题进行探究的愿望。反思和课堂教学研究的方法的掌握可以使教师不断修改和完善自己的教学。

教学方法培训过程中,有部分事项需要引起培训者和受训教师的注意。鉴于每个教师身处教学环境、面对教学对象、从事教学活动产生的显著差异性,不可能存在现成的教案和教学方法供所有教师拿来就用的情况。受训教师只能根据他人的研究理论和实践经验,依据自己的教学需要设计适合自己的教案和教学方法,提高教学效果。故而提高教师自主研究的能力和水平的价值意义是十分显著的。

我们可以说,教师在具备各项知识、能力和态度的同时,还要经常反思自己的教学,不断提高认识,继续学习、积累知识和经验、提升能力,应对跨文化英语教学给教师提出的巨大挑战。当人类走进21世纪之后,欧洲国家、发展中国家等都对跨文化培训的兴趣及需求日益增加,跨文化培训方法自然因此而层出不穷。实际上,我们并不缺少方法,问题在于如何有效使用这些方法去满足各种不同的培训需求,这是我们进行跨文化培训的关键所在。

(三) 课堂教学对语言文化的吸纳与选取

跨文化教学的主要依托就是课堂。语言文化是跨文化教学的主要内涵。课堂实施是完成教学内容、实现教学目标的决定性环节，文化内涵发掘主要针对语法、词汇、篇章等多个语言层面的文化探索。

1. 增重语篇与语法文化

所谓语篇，一般是用来表示比单词、词组更大的语言单位，其一般表现在文章、会话、面谈等场景中，是使用中的语言，更是特定语境和社会文化中语言运用的产物。语篇的形成和样式反映了意义交流时的社会文化语境。口头篇章所涉及的交际风格和交际策略与文化密不可分，息息相关；而书面篇章则是通过篇章结构以及修辞风格来体现其文化内涵。语篇与文化有着密切的联系，不同文化的人所使用的、制造的语篇是不同的，不同的语篇也会建构不同的个人经验和社会现实。

从差异性来说，英汉语篇各有惯用的话语模式，如英语为演绎式，而汉语则是归纳式。而在使用修辞策略层面，东西方人也受到各自文化价值取向的影响而有一定的不同。唯有从文化的角度分析不同语言的语篇修辞模式，才能真正厘清语篇与思维模式的关系。在进行语篇教学实践时，要尽力将文化教学融入其中，即把文化教学作为教学目的和教学内容中不可分割的一部分，突出其重要性；而在教学实践中可通过设计读前和读后任务以及相关文化的讨论和学习将学习者的注意力吸引到具体的篇章内容上，既达到了语篇分析的目的也能帮助其深入挖掘东西方在思维模式、价值取向等方面的文化异同及其对于篇章结构产生的影响，利用教材中的丰富资源，不断完善学生的跨文化知识体系。除语篇之外，语法结构也与思维模式等文化内容有着不可分割的关系。语法同人们的思维模式息息相关，包含着丰富的文化内容，也是人们表达内心感情世界的一种手段。

从民族文化思想视角看，两个不同民族在哲学思想、思维模式等层面都体现出了差异。不同的思维模式又造就了各具特色的语法形态，不同的语法形态特征又呈现出其特有的语言表达方式。各民族思维的方式、特征及风格一般都蕴含有丰富的民族文化底蕴。换句话说，一个民族的语法系统和语法使用规则常会受到其所属的语言群体的思维和文化特点的影响，带有一定的文化成分，因此不同语言组词造句的规则不尽相同。西方人的思维方式趋向于呈现由外向内的演绎思维，其特点是逻辑性实证能力较强。这种思维方式在句法方面表现为具有明显的词汇形态特征，便于保持句子成分之间的逻辑关系。与西方人不同，中国人趋向于呈现由内向外的归纳法思维，对整体把握和意念体悟十分关注，其特点是逻辑实证性较差，这种思维方式在句法上表现为没有明显的词汇形态特征，其逻辑关系的保持是靠意义的理解而非靠形态句子成分之间的标记，因此，汉语句子常使用流水句，且句子短小精悍，所以，英语语法教学也不同于汉语语法教学，其重点主要为时态、语序、句子结构。在跨文化教学中，教师可以通过区分不同语言中的时态，对比语序方面的异同以及句子结构的差异来寻找不同语言的文化根源，如思维差异，进而完成语法教学、文化教学的良好结合。

2. 加强词汇为载体的文化教学

词汇是跨文化课堂最基本的组成部分，更是英语教学的必不可少的基础组成。绝大多数学者都认为，学习广泛的词汇是英语学习的关键。笔者以为，词汇学习是文化教学的基础所在，如果淡化了词汇的学习与掌握，则会降低英语文化教学的准确性与完整性，提升学生参与的难度。故而跨文化英语教学要充分利用学生对词汇学习的关注与兴趣，使词汇及其蕴含的文化意义的教学成为英语教学中跨文化教学的一个重要组成部分。

作为文学教学的基本载体,词汇可涵括单词、词组、习语成语、谚语以及警句,它们标志着一个民族的语言、文化、习俗乃至整个社会的发展,并充分体现了其语言群体的思维模式、价值观念、文化环境、文明程度以及生活习惯。这点意义来看,一种语言的词汇可以看成是该语言群体所关注的所有的思想、兴趣和工作的总汇。

从辩证角度看,词汇与文化存在着必然的联系,二者互为依存。其关系还表现在词汇本身蕴含丰富的文化意义,因此,词汇的具体含义往往要借助于对比不同的语言才能挖掘出来。总结出词汇文化差异的三种情况:形式相同,意义不同;意义相同,形式不同;同形同意,分布不同。这一分类模式对于词汇教学意义重大,不仅能够帮助学生记住词汇的拼写与意义,而且能够帮助学生了解词汇的使用范围和文化内涵,并充分理解和掌握这些词汇。另外,跨文化大学英语教学中词汇学习的内容标准是:知道功能和语境的时间、社会和地理等因素对词汇使用所产生的限定作用;掌握该词与其他词汇之间的联系的知识;知道该词的语义价值指示意义和隐含意义;知道与该词相关的诸多不同意义。

我们知道,不同时代、不同社会和地理环境中,词汇的使用会存在显著的差异,故而词汇必然会在文化语境中加以展示或呈现。也唯有如此,教师才能保证学生所学到的不是词汇孤立的字面意义,从而不知如何使用这些词汇,他们学到的应该是活的词汇意义系统,在不同的语言环境中,学生都能够恰当准确地使用他们所学过的词汇。每个语言体系中的词汇都承载着大量的文化信息,丰富而多元化,而每个词汇都蕴含着深厚的文化内涵,富于变化,是任何词典与书籍都无法穷尽的。不仅如此,不同语言中的词汇还体现了说话者不同的价值观念。正由于每个语言系统的词汇以及词汇的运用都与其民族文化紧密相关,带有浓厚的文化背景,故而,词汇教学中,教师除了注重词汇的意义和用法外,还应该拓展该词汇的文化意义,如词语来源,使用语境以及使用该词汇的注意事项。如此来看,实现词汇与文化教学相结合的重要途径就是将词汇的文化渊源、历史因素、社会内涵等融入词汇教学中。

3. 加强听说教学过程的文化教学

在现代语言教学中,听说教学是必不可少的组成部分,更是学生学习目的语文化兴趣较为浓厚的部分。从这点意义上说,听说活动可以让学生产生参与感,并有机会切实感受跨文化交际过程,使学生感知不同的文化差异并提高交际能力。也有学者认为,学生之所以参与到文化学习的听说能力训练中,不仅因为目的语文化的吸引力,更多还在于其能够帮助学生培养其较为完善的英语听说能力。不过需要注意的是,听与说都要建立在实际内容的基础之上,也就是说,认真选择、合理安排听说内容至关重要。在文化教学中,教师必须确保听说内容的真实性以及实用性,即听、即说的主题也要来自真实的生活,听、说的材料具有一定的意义,并能够反映出本族文化和目的文化的不同侧面。故而,编写听说教材时不仅要考虑学习者的语言水平和学习需求,还要密切注意相关文化内容编排的一致性和系统性。在安排教学材料和教学内容时,要注意使文化教学的需要与语言教学的需要有机结合,使学习者在系统地学习语言知识的同时,也扩展了其他文化知识,增强了文化交际能力。即使教材的编者有时会受到时间和篇幅的限制,很难做到将目的文化的某一侧面细致全面地展现给学习者。这里也要提醒教师,毕竟学习者会在具体的教与学过程中因为触及文化的不同而产生不一样的文化认知,教师要密切注意这种差异性和变化,减少以偏概全或者过度概括问题的发生。

还有,教师必须重视将非语言交际技巧、交际策略融入学生语言交际能力培养的过程中,尤其是要强调课堂内外的听说活动,要采用文字、图片、音频等相结合的丰富方式来刺激学习者的感官和感受能力，引导学生感知身临其境的感受。此外，多媒体教学也是进行跨文化听说教学的一个重要手段，同时通过将各种跨文化交际情景真实地展现给学习者，促进了学习者跨文化交际能力的培养，以确保英语教学中能够创新文化教学的新的渠道途径，尤其在情感和行为层面上培养学生的跨文化交际能力。

4. 加强写作教学中的文化教学

写作是文化教学得以教学成果析出的重要途径。跨文化教学中，写作教学必须要被放在与基础类教学同等重要的地位，并贯穿于教学的始终。尽管写作的体裁不尽相同，决定了其写作内容和写作要求各有不同，但文化教学仍然可以与写作教学有机地结合在英语学习的各个阶段。写作不仅体现了作者的个人经历、生活经验，更能呈现作者的思想价值观念，也就是说能够反映作者所身处的文化环境，因此常被看作是讨论和学习日常生活、风俗习惯和价值观念等文化内容的理想的基石。

作为跨文化教育的主导者，大学英语教师必须要重视学生本土作文与目的语国家公民文章的差异性，可引来进行适度对比，并启示学生对差异进行深度思考，进而发现思维方式的异同；也可以指引学生寻找修辞风格的差异，如修辞格、引用方式、论证方式及谚语、俚语的使用，进一步探索不同语言的深层文化根源。与背景知识导入相似，这部分教学也是以教师的讲授为主，来增加学生的知识积累和提高跨文化意识。在阅读与写作教学过程中贯穿跨文化思维能力的训练，让学生通过了解东西方思维方式的异同，来体会跨文化交际实践中形成跨文化思维的重要价值所在。

5. 案例分析对跨文化交际技能训练的正面影响

在跨文化交际活动中，案例分析往往选取的是个案，但我们能够从个案中汲取更多经验或启示，从而在知识积累的基础上运用知识，掌握交际技巧。跨文化教学课堂上，案例分析一般需要遵循两个原则：第一，要注重案例选择的关联性和针对性，也就是说案例内容与课文主题要紧密关联、使课堂教学形成系统的知识体系，针对跨文化交际能力的培养展开。第二，案例分析要循序渐进，教师要首先提出问题，然后学生带着问题阅读案例，阅读之后进行分析，接着进行分组讨论，得出结论，最后由教师进行总结。案例分析以学生讨论分析为主，教师指导为辅，突出强调了交际能力的训练，真正践行跨文化英语教学所倡导的培养目标的转变，即由语言文化知识向跨文化交际能力的转变。

一般地，跨文化课堂教学往往需要案例作为实际场景模拟，最终完成交际技能的训练。这能够可以使学生获得运用英语进行有效的跨文化交际的真实体验，为其实际解决跨文化问题提供方法指导和实践经验。案例内容可以十分广泛，既可涵盖跨文化语境下的各种日常交际活动，也可包含异国文化跨文化交际成功的经验或失败的教训等。案例的完成需要学生之间或学生与教师之间不断地在异国文化和本族文化间变换角色不断地解读、反思和调整，使学生能够换位，从异国文化的角度思考、表达自己的观点。完成以案例为教学任务的活动需要学习者运用跨文化学科所包含理论和实践知识，有助于他们形成系统的跨文化学科体系。案例分析将一些跨文化内容呈现在文化知识背景介绍或练习中，使学生在学习语言的同时学习跨文化交际知识和技能。

案例分析教学，对教师的基础性业务要求是，能够对案例具有教学要求，教师要具备较强的案例教学调控能力。教师要提出能激发学生活动并且思路清晰、符合逻辑的问题，要能激发学生学习文化的好奇心，对问题解答要具有开放性。教师不但要掌握充足的文化知识和熟练的操作能力，还要能够准确解读案例的内容，合理设计教学活动，并能够有效组织与控制课堂教学，使学生能积极参与教学活动，发挥他们的主动性、创造性，通过活动将他们的知识转化为能力。

教师有的放矢的提问为学生的思考分析指明方向；阅读案例是获得语言文化知识、训练阅读技能的过程；分析案例使学生的思辨能力和判断能力得到训练，是跨文化意识得以形成的关键阶段；分组讨论能够提升学生的语言综合运用能力和交际技巧；得出结论是对学生的概括、归纳能力加以训练的过程；教师总结则确保了知识的准确性和系统性，为案例分析画上了圆满的句号。案例分析是一个综合训练过程，他对学生的跨文化知识、跨文化意识、跨文化思维和跨文化交际能力进行全方位的训练。运用案例教学法进行教学的目的在于培养学生的综合能力，其中包括分析、思辨的能力和批判性思维的能力、群体与人际协调技巧以及人际沟通的能力，从而提高学生的跨文化交际技能。

（四）创设文化学习语境，培养学生自主学习能力

1. 自主学习的概念界定

当前，自主学习正在受到改革领域专家或学者的推崇，而在关于自主学习的定义、含义等都正在成为公开性教育研究话题。尤其是Dickinson等学者提出的自主学习的内涵，是本书的重要资源所在。

一种声音建议，在文化语境中突出自主学习的地位。截至2005年，自主学习在应用过程中被视是一种对独立学习的学习过程的决策和反思的能力。这里鼓励学生独立做出选择，想对自己的学习负责的愿望，是学生的动机和信心。同时自主学习也是学生能够选择并且自己学习这些知识的能力，是学生的选择能力与执行能力。也就是说，学习者的动机和信心决定了他们独立行动的愿望；其知识和技能的程度则决定了他们独立学习的能力。

另一种声音是指出，之所以有人取得成功，是因为他们具有专门知

识和技能,具有才智,主要是由于他们学会了学习,掌握了学习策略,具备了有关学习的知识和技能,能够独立于教师充满信心地、灵活恰当地运用所掌握的知识和技能,他们完全是自主的。综合上述,我们可以把英语学习过程中的自主学习归纳为下述三方面内容:一是态度方面,学习者要以积极的态度对待自己的学习,自愿承担自己学习的责任;二是能力方面,学习者要有自己负责自己学习的能力,要研究自己负责自己学习的学习策略,能够保证独立地完成自己的学习任务;三是环境方面,学习者要有一个环境,在这个环境中,学习者有大量的机会来锻炼自己负责自己学习的能力。环境及环境因素影响和制约学生综合运用语言能力的发展,英语教学环境的诸多因素自然要影响和制约学生的英语学习。因此,教师要把自己看作教学环境中的信息传媒体,既要考虑自己在英语教学中的主导作用,又要努力发挥协调教学环境的能动性,以有效的教学组织去激励学生自主学习英语的积极性。

2. 学生自主学习能力的培养

自主学习是当前高校教育改革推行的重要学习方式之一。其要求学习者根据自己的实际情况确定自己的学习目标、制订学习计划、科学地评估自己的学习结果,体现了学习者对自己的学习主动负责的过程。自主学习强调的是学习者的学习能力而不是学习过程。大学里的学生要明确自己的主体地位,教师的角色仅仅是指导与辅助。在课堂上,教师进行指导式的讲解,学生只有通过大量实践才能掌握技能。所以,自主学习在学好大学英语中扮演着一个很重要的角色。学生要以语言规则的认知、操作和掌握为基础,努力培养自我创新的意识和能力,通过发掘和运用自身原有语言认知能力,提高对自身知识水平和学习风格的认识水平,逐步学会掌控个人的学习过程、学会选择学习方式和评估学习结果,最终克服英语学习中的畏难情绪,帮助自己建构个性化的、卓有成效的英语语言学习体系。

同时，如果大学英语教育仅仅依托的是课堂教育，显然无法满足跨文化交际的需求，毕竟每周4课时，且学生多样化的需求考量也较为不足，如此"第二课堂"的开辟就显得很有必要。它要求学生根据自身的特点利用时间来安排个性化的学习计划及学习进度。作为大学英语教师，要坚持以学生为中心，根据学生的个性进行培养，在传授语言知识与技能的基础上，重点培养学生的语言交际能力和自主学习能力。创新思路与方式而开辟第二课堂，拓展了丰富的课外教学形式，营造了鲜活的跨文化语境，可提高学生的自主学习能力。

一是以文化作品为延伸，体验语言与文化的完美结合。欧美文化作品是寄寓英语国文化的重要载体。广泛阅读英语文学作品是一种十分重要的获取英语文化知识的学习方法。文学作品中蕴含着丰富的民族文化内容，优美的语言形式和丰富的文化内容在文学作品中完美结合，是学生学习异国语言与文化的良好、有效途径。教师可拉出清单，向学生推荐优秀英语类文学作品书目，学生可以通过网上阅读或借阅阅读的方式进行。教师可以读书报告、文学作品赏析讲座、英美文学知识竞赛、英语文学作品沙龙等形式配合促进学生的课外阅读，检验学生自主学习的成效，以此提高学生的跨文化交际能力。

二是以影视作品为补位，体验异国文化思维与风情的融合。随着社会的发展与人类文化的互融，多媒体和电影在跨文化教学中能起到积极的作用。不过跨文化课堂教学毕竟有限，教师完全可以把多媒体和电影的教学功能延伸到课外。在第二课堂，充分利用网络和多媒体资源，使学生观看英语影视作品，感受异国文化魅力，帮助学生体验异国文化思维。大部分电影和录像片的内容本身就是一种文化的某个侧面的缩影。这些录像、电影等都能真实地记录和反映该国家的历史、地理、风土人情、生活习俗及自然环境等文化信息，可以鼓励学生通过视听感官和心理感应去在影视作品中捕捉更多的英语文化知识与内涵。

三是以网络交友为途径，创造良好的跨文化沟通机会。当前很多大学生由于没有更多的出国机会，其在英语环境中感知英语文化的时机较少，如果一旦拥有良好的英语环境势必会进一步促进学生的英语学习。令人欣慰的是，当今现代互联网的发展，从时空上拉近了世界上人与人之间的距离，人们拥有了更多可利用的信息和更多、更方便的交流的机会。从这点意义上看，学生可通过网络与外国友人进行沟通与交流，这种虽虚拟但直接面对面的语言交际，也是一种文化交流，可以加深学生对英语语言及文化的体验感受，使其在文化感受中提升自我跨文化交际能力。

四是提供非母语交流环境，尝试进行角色扮演和情景模仿。各种优秀英语文化作品中有很多经典的场景或桥段。角色扮演、情景模仿和外国影视剧配音，是将学生置于模拟的实际交际场景中，使学生通过亲身体验和感受来提高跨文化交际能力的方法。这种途径实施过程涉及三个阶段，即情景展示、学生扮演/模仿、教师指导。在教学活动过程中，学生是活动进行的主体，教师以引导者身份出现。教师的主要任务在于给学生提供合适的特定的情景，引导学生利用学过的跨文化交际知识、跨文化交际技巧来完成情景任务。为了使所选情景具有代表性，尽量接近真实跨文化情景，教师可以邀请留学生、外教共同参与，也可以利用互联网构建虚拟跨文化交际空间。如此，在完成角色扮演、情景模仿和外国影视剧配音的同时，也能提高学生的跨文化综合素质。

五是创立"空中英语大讲堂"，构建跨文化英语教学大空间。这里所谈的"空中英语大讲堂"，其机制原理是：首先发动教师录制英语文化知识讲座，通过校园调频发射机发射频点，利用早晚和中午的时间滚动式播放，而学生则可在校园范围内，通过调频收音机和耳机收听并进行课外英语学习。这种学习可以不受时间和空间的限制，学习内容可以无限扩充，且趣味性很强。

六是以课外英语活动为纽带，强化学生英语知识的巩固。定期举办有关英语文化或中英文化对比的知识讲座或者组织英语角、英语演讲比赛、英语辩论赛、英文歌曲演唱赛、英语播音主持比赛、圣诞文艺演出等活动，既能调动学生的学习热情，激发学生英语学习的积极性，又能使学生及时地对所学知识查漏补缺，有助于学生更好更快地学习语言。

七是以课外网络资源为支持，拓展学生学习空间。互联网是英语文化资源的"集散地"。多看或多听一些与英语国家有关的文字或声像资料，通过网络下载、检索或浏览英语学习相关资料，使学生能够通过方便的视听感知英语语言素材。这种方式不仅能提升学生的听说能力，拓展和提高学生的文化知识和文化技能，同时能使学生的语言基本技能得到训练，培养学生运用英语进行思考和表达的能力，还能够弥补英语常规学习的不足，提高英语学习的效果及跨文化技能的层次水平。

整体而言，"第二课堂"的介入强化了跨文化英语教学的教育价值，是对第一课堂的完善和补充，有利于拓宽学生的知识面，调动学生的学习积极性和创造性，实现学生综合素质的全面提高，有助于学生跨文化交际意识与跨文化交际能力的培养。

参考文献

[1] 何艳秋. 生态学视角下大学英语课堂中母语文化认同培养研究[J]. 英语广场, 2018 (2): 66-68.

[2] 韩璐. 浅谈跨文化交际在高校英语教学中的有效渗透[J]. 教育现代化, 2018, 5 (16): 124-125, 152.

[3] 马炳军. 高校英语教学中学生文化能力培养策略研究[J]. 吉首大学学报（社会科学版）, 2018, 39 (s1): 208-210.

[4] 翟晓颖. 基于微信公众平台建设的大学英语体验式教学研究[J]. 天津市教科院学报, 2018 (2): 23-25.

[5] 吴耀熙. 高校英语教学中的母语文化缺失现状调查及应对策略[J]. 英语教师, 2018, 18 (10): 53-55.

[6] 王伟. 大学英语多模态教学模式构建刍议——基于大学英语体验式教学改革[J]. 环渤海经济瞭望, 2018 (6): 166-167.

[7] 田苏, 高巍. 大学英语教学中中国文化缺失的现状分析与对策[J]. 辽宁师范大学学报（社会科学版）, 2018, 41 (6): 124-130.

[8] 韩云霞. 基于跨文化意识培养的高校英语教学模式探索与实践研究[J]. 黑龙江教育学院学报, 2018, 37 (8): 139-141.

[9] 陈鑫. 文化自信视野下高中英语教学中文化意识培养现状与对策

[D]．陕西理工大学博士学位论文，2018．

[10] 方雪晴．大学英语教师课堂动机策略研究[D]．上海外国语大学博士学位论文，2012．

[11] 周启加．基础教育英语教师教学能力及其发展研究[D]．上海外国语大学博士学位论文，2012．

[12] 顾世民．促进大学英语自主学习的课程因素研究[D]．上海外国语大学博士学位论文，2013．

[13] 曾小珊．大学英语课程实施中的教师隐性课程研究[D]．上海外国语大学博士学位论文，2013．

[14] 李月．小学英语教师教学观念的个案研究[D]．东北师范大学博士学位论文，2014．

[15] 韩雅君．通识教育视角下大学英语课程体系研究[D]．南京航空航天大学博士学位论文，2010．

[16] 谭小燕．以跨文化教育为导向的中学英语教学设计与实践[D]．上海外国语大学博士学位论文，2012．

[17] 贾颖．浅谈高校英语教育中跨文化教育现状及其对策[J]．教育教学论坛，2017（12）：223-224．

[18] 饶颖芝，蔡梦艳．从英语的经济价值看我国高校英语跨文化教育[J]．中国市场，2017（3）：179-180．

[19] 杨婷．移动学习模式在大学英语体验式教学中的应用探究[J]．牡丹江教育学院学报，2017（z2）：58-59．

[20] 杜晖．基于跨文化交际的大学英语教学模式探索[J]．考试与评价（大学英语教研版），2014（5）：39-41．

[21] 汤平．大学英语教育的中国文化身份认同与行为比较研究[J]．西华师范大学学报（哲学社会科学版），2015（2）：89-95．

［22］徐翰飘．加强高校英语教育专业学生中华优秀传统文化教育的思考［J］．英语广场，2015（5）：67-69．

［23］郭旭．大学英语体验式教学方法应用研究［J］．佳木斯职业学院学报，2015（8）：258．

［24］李琳．学习共同体视域下民族高校英语教师专业发展研究［D］．兰州大学博士学位论文，2016．

［25］何凌霄．大学英语中的文化认同教学问题研究［J］．辽宁科技学院学报，2013，15（4）：84-86．

［26］张栩．大学英语写作教学：体验式混合教学模式探索［J］．语文学刊（外语教育教学），2016（3）：96-98，101．

［27］张益君．大学英语学习者本土文化认同现状的调查研究［J］．宁波教育学院学报，2016，18（2）：21-25．

［28］高莉君．大学英语教学中的中国文化认同教育探讨［D］．西南大学博士学位论文，2009．

［29］韩金龙，徐鹰．大学英语体验式教学模式下的多元评估体系建设［J］．长春大学学报，2010，20（8）：93-96，103．

后 记

  文化的力量是无穷的。我们在英语文化中能够感受更多的语言魅力、思维魅力与文化魅力。当前，我国大学英语教学在跨文化教学这一领域探索相对较多，出现的问题多。尤其是一些大学"注重知识课，不注重文化课"的倾向依然明显，在教学过程中，教师总是习惯性地把能用英语进行正常的沟通和交往作为终极的教育目标，忽视了对英语国家人生观、价值观、思维方式、表达方式、生活方式等一系列文化因素的认识，对英语国家的社会习俗、制度、历史沿革以及他们的民族心理、宗教信仰等未能引起足够的重视。这导致英语跨文化教学一直处在教育体系的边缘，学生跨文化交际能力培养效率不高。当然，这也是大学英语教学专家、学者一直倾力破解的难题。长期以来，虽然众多跨文化交际理论和英语教学理论从跨文化交际学、语用学、社会语言学、认知语言学等不同角度描述和解释语言中的文化现象，探讨语言、文化、交际之间的关系，力求解决英语教学中的文化教学问题，但研究还远远没有达到预期的效果。囿于我国的英语教学单一和程式化的教育理念、教学方法、教学内容、评估手段等一系列因素的影响，缺乏对国外英语教学的新动向、新思维的了解，缺乏对他们教学灵活性、情境性、情感性的必要探讨。当前英语课堂实施跨文化教学的重要性与必要性不言而喻。而这也是本书选择跨文化大学英语教学理论与实践作为研究主题的价值所在。

  本书在对相关跨文化交际理论进行梳理的基础上，借助作者在大学英语领域从教及从事研究工作多年的经验，对大学英语跨文化教学进行了理论视角与实践层次的双向研究。研究对国外欧美主要英语国家的文化教学现状进行了分析与探讨，并基于教师文化教学情况、学生文化学习现状、学生文化知识掌握及运用情况和学生跨文化交际能力情况，进一步了解大学英语跨文化教学实际运行情况，诊视英语跨文化大学教学的现状及存在的问题，列出构建跨文化大学英语教学模式构建的理论框架。同时，利用作者平时教学的接触与访谈，对跨文化大学英语教学的保障性策略进行了分层次深入探讨，提出了四个方面的尝试，即教材内容的编写与补充、跨文化教学能力的专项训练、课堂教学对语言文化的吸纳与选取及创设文化学习语境，培养学生自主学习能力，希望为广大的英语专业教师与学生的教与学带来一定的专业思考与经验借鉴。